Chemins d'humanité

Béatrice Leblanc

Chemins d'humanité

La Rencontre au cœur des récits bibliques

© 2025 Béatrice LEBLANC
Édition : BoD - Books on Demand,
31 avenue Saint-Rémy, 57600 Forbach,
bod@bod.fr
Impression : Libri Plureos GmbH,
Friedensallee 273, 22763 Hamburg
(Allemagne)
ISBN : 978-2-3225-7016-4
Dépôt légal : Mars 2025

INTRODUCTION

Un écrit sur la relation de l'homme avec l'homme, de l'homme avec Dieu. L'homme dans le projet divin est relation. Il est fait pour être relié à un vis-à-vis à l'extérieur de lui-même pour être pleinement lui-même. C'est avec l'autre que l'on arrive à se comprendre, et à faire un chemin avec soi-même. Mais l'autre est aussi cet étranger à nos pensées, à nos idées, à nos convictions. Il est celui qui peut venir menacer un équilibre précaire, ébranler un échafaudage fragile construit autour de soi qui veut consolider ce qui aurait besoin de l'être, ou permettre de se réfugier exclusivement avec soi dans le but de se protéger. Pourtant, l'autre s'impose à nous, que ce soit, dans le domaine familial, professionnel, ecclésial, sociétal. L'autre est parfois la pierre d'achoppement. Il est aussi celui qui nous tend la main. Il est parfois enviable, mais aussi détestable. L'autre est une chance, mais il est aussi un défi. Que de contradictions.

Quels sont les enjeux d'une relation ? de nos relations ? Sont-elles chemins d'humanité ? Nous percevons qu'il y a différents types de relations. Elles nous engagent à des degrés différents. Il y a des rencontres qui nous laissent indifférents. Mais peut-on parler de « relation » dans ce cas ?

L'objectif de cet ouvrage est d'éclairer cette thématique de la relation à la lumière de certains textes bibliques, modèles de la relation, à la fois dans la Première Alliance, et dans la Nouvelle Alliance. Le propos ici est de puiser dans la Bible les codes d'une relation optimale et réussie, indispensable à notre chemin d'humanité. La théologie biblique de certains textes nous mènera vers les véritables intentions de Dieu lorsqu'Il décide que l'enjeu est l'homme avec les autres hommes, parce que Dieu est Homme, l'Emmanuel, Dieu avec nous. A travers l'Histoire, ne s'agit-il pas, depuis tous les temps, d'amour et de haine, de confiance et de méfiance, de proximité et d'éloignement, d'honnêteté et de trahison ?

La pandémie de la COVID 19 des années 2019-2021 a touché en plein cœur le trésor de notre humanité : la capacité de la relation à l'autre. Elle a introduit notamment « la distanciation sociale ». Beaucoup pensent que nous avons été témoins d'un tournant historique puisque cet événement mondial a modifié nos relations, nous amenant à choisir la méfiance, l'indifférence à l'autre et, plus grave, l'individualisme croissant.

La question que je me pose, que je nous pose est simple : que souhaitons-nous ? A quel modèle de société aspirons-nous ? Vers quel modèle de vie sociale et relationnelle allons-nous ? N'est-ce pas l'homme qui décide de sa vie avec l'homme ? N'est-il pas en chemin vers sa propre humanité ?

Ce livre a comme modeste objectif d'interroger le lecteur sur nos différentes capacités de relation à l'autre, aux autres, et sur ses enjeux pour notre humanité. Les réflexions sont, ici, fondées sur la Parole de Dieu. La Bible est l'histoire de l'homme, des hommes, de leurs réussites et de leurs défaites, et surtout de la relation de l'homme avec lui-même, avec les autres, et avec Dieu. Tout s'y trouve pour tenter de comprendre les mécanismes d'une relation réussie qui mène l'homme vers la pleine réalisation de ce qu'il est. Loin de moi de procéder ici à l'analyse psychologique des personnages bibliques. Des experts l'ont déjà fait. Ce livre ne prétend donc pas être un traité de psychologie, ni de sociologie, éloigné de mon domaine d'expertise. Ma formation théologique m'amène plus à la lecture attentive de la Parole de Dieu pour me laisser éclairer par ce que Dieu lui-même a à nous dire sur la destinée de l'homme, sa vie relationnelle posée comme un principe fondamental et de plein épanouissement pour lui-même. La relation ou les relations, telles qu'elles sont présentées dans la Bible, peuvent être le point de départ d'une réflexion sur les enjeux de « la relation », de la capacité de l'homme à être pleinement homme dans la relation, puisqu'il s'agit de l'intention même de Dieu dans le projet qu'Il a pour notre humanité.

« L'Histoire du peuple hébreu est l'histoire de l'homme, de chaque être humain » écrit Philippe Dautais dans son ouvrage *Le chemin de l'homme selon la Bible*[1]. Laissons-nous conduire par des personnages hauts en couleur qui, d'une manière ou d'une autre, sauront nous parler et orienter le sens de nos relations vers notre plein accomplissement et le plein accomplissement de notre humanité.

Béatrice Leblanc

---

[1] Philippe Dautais, Le chemin de l'homme selon la Bible », 2009, DDB

PARTIE I

Modèles bibliques dans l'Ancienne Alliance

Frères de sang et frères en humanité

Chapitre 1
YHWH et l'homme, la relation offerte

La relation par la différenciation

Dans les modèles bibliques de l'Ancienne Alliance, il est une relation qui est fondatrice : la relation de YHWH avec l'homme. Elle est décrite en deux récits dans le Livre de la Genèse, "בראשׁית", le livre du « commencement », des origines. Le premier récit de la création en Genèse 1, 1-2, 4a nous place devant une globalité où YHWH sépare ce qui est indistinct et uniforme. YHWH sépare la nuit et le jour et ordonne les espèces. Il crée en « séparant », c'est-à-dire en instaurant des relations entre les réalités que sa parole individualise. Il crée une différenciation. La séparation peut sembler briser l'unité. Mais ici, « *elle introduit une dynamique de fécondité et participe à la construction d'une unité qui dépasse le plan des polarités. La différenciation permet la relation. Il faut au moins deux réalités distinctes pour qu'il y ait relation, sinon règne la confusion. La Bible par la Genèse, signifie la vie par la différenciation et l'interrelation, ce qui relie les polarités* »[2].

Le récit de la Genèse nous dit donc qu'il est important pour YHWH de faire sortir de l'indistinction pour que l'être humain trouve son identité en entrant dans un monde de différences et de relations. Dans le processus de création, l'homme arrive très vite : « *Et YHWH dit 'faisons l'homme à notre image, comme notre ressemblance, et qu'il domine sur les poissons de la mer, les oiseaux du ciel, les bestiaux, toutes les bêtes*

---

[2] Philippe Dautais, *Le chemin de l'homme selon la Bible*, 2009, DDB, p. 23-24

sauvages et toutes les bestioles qui rampent sur la terre. YHWH créa l'homme à son image, à l'image de Dieu Il LE créa, homme et femme il LES créa'* »[3]. Cela se passe le sixième jour qui devient alors le point culminant de la création. L'homme à la ressemblance de YHWH est sacré et porte en lui les germes du divin. Saint Augustin aura ces paroles magnifiques pour le dire de façon très poétique : « *Tu nous as fait pour toi Seigneur, et notre cœur est sans repos, tant qu'il ne demeure en toi* »[4]. Quel cadeau précieux que ce reflet de Dieu en l'homme ! L'homme est la dernière créature, le reste est créé en vue de lui. YHWH place l'homme et la femme dans un monde ordonné où chaque chose a sa place, afin de vivre l'harmonie à laquelle il est appelé avec Dieu et avec la création. La richesse est à leur portée et ils en sont responsables.

---

[3] Gn 1, 26-27
[4] Saint Augustin, *Les Confessions*, I, 1, Editions Augustiniennes, 1996

La forme de l'homme

Le second récit de la Genèse donne un autre éclairage. Dans ce récit, nous pouvons lire que YHWH façonne l'homme, poussière détachée du sol. Il fait pénétrer dans ses narines un souffle de vie et l'homme devient un être vivant. YHWH plante un jardin en Eden, vers l'orient, et y place l'homme qu'il a façonné[5]. Comme dans Genèse au chapitre 1, l'homme est au centre de la création. Le verbe « Yasar », « façonner » du verset 7 relève de l'action de l'artiste qui prend l'argile et lui donne la forme. YHWH travaille l'homme comme le fait le potier qui travaille son œuvre[6]. Il façonne dans la durée pour arriver à la forme qu'il veut nous donner. Il donne une forme à ce qui est sans forme. Si ce que nous sommes nous paraît parfois sans valeur, sans relief, insignifiant… « sans forme », songeons que Dieu continue inlassablement son œuvre de création en nous. La fin du chapitre 2 de la Genèse appuie également un aspect central du projet de Dieu : « YHWH

---
[5] Cf. Gen 2, 7.8
[6] Cf. Jer 18, 1-6

organise en une femme la côte qu'il a prise à l'homme, et il la présente à l'homme ». Et l'homme de s'exclamer : « Celle-ci, pour le coup, est un membre extrait de mes membres et une chair de ma chair ; *celle-ci sera nommée isha, parce qu'elle a été prise de ish* ». Voici la manière de dire l'unité profonde qui relie l'homme et la femme, voulue par YHWH.

Distanciation et relation

Revenir à l'action créatrice de Dieu dans la Bible nous invite à revenir à l'action créatrice de Dieu en nous. Nous parlons de la relation fondamentale qui nous unit à Dieu, à la rencontre scellée dans notre cœur où coïncide notre vérité absolue. La forme qu'Il nous donne dans un monde ordonné qui permet la distanciation offre toutes les prémices d'une juste relation aux êtres et aux choses. Dieu installe l'harmonie. Ses caractéristiques sont contenues dans le mot שלמ׳ -shalom- pour dire la plénitude paisible du commencement et dans le prolongement de la création et de ses créatures. L'homme est appelé à être vraiment homme. Son accomplissement consiste à grandir dans son humanité, avec la certitude que le Dieu de la Bible est un Dieu en relation. Il est ce « Je suis avec toi » qui revient sans cesse et qui désire rencontrer l'homme dans son altérité. Mais alors, que s'est-il passé ? Pourquoi est-ce que, très vite, cela n'a pas bien fonctionné ?

Chapitre 2

Adam et Eve, l'harmonie relationnelle brisée

L'homme et la femme : incomplétude et accomplissement

Le chapitre 1 de la Genèse nous indique que la personne humaine se réalise dans son humanité seulement quand elle devient « homme » et « femme », c'est-à-dire dans l'altérité, dans une relation. Dans le chapitre 2, l'homme vit dans la relation, il est d'emblée placé au coeur de l'altérité comme constitutrice de l'être. Mais l'homme n'est pas la femme ! Ils sont appelés à vivre en relation, en étant structurellement incomplets, dans le besoin.

La tradition juive explique que le premier homme et la première femme, Adam et Eve, ont été créés au même instant, alors que nos interprétations postérieures de l'événement tendent à mettre en avant l'apparition de l'homme en premier, puis de la femme en deuxième, pour justifier, au passage, l'idée de soumission ou d'infériorité de cette dernière par rapport à l'homme. En réalité, il convient de lire les événements d'une autre manière.

Le texte biblique dit que YHWH a d'abord crée une « cellule » humaine, composée d'une partie masculine et d'une partie féminine pour ensuite prendre la décision de les séparer. Si au départ ils sont « dos à dos », YHWH entreprend de les séparer pour les mettre « face à face ». C'est à partir de cet instant qu'Il crée une rencontre appelée à se développer, à s'épanouir et à prendre toute sa dimension. L'être humain est appelé à vivre, dans le projet de YHWH, une expérience anthropologique de nécessité qui dans la relation trouve réciprocité dans un jardin d'abondance : « *YHWH planta un jardin d'Eden, vers l'orient, et y plaça l'homme qu'Il avait façonné. Il fit surgir du sol toute espèce d'arbres, beaux à voir et propres à la nourriture ; et l'arbre de la vie au milieu du jardin, avec la science du bien et du mal* »[7]. Que demander de plus ?

Distance et communion

L'homme et la femme peuvent profiter de tout. Mais ils vont découvrir le premier commandement de YHWH : « *Tous les arbres du jardin, tu peux t'en nourrir ; mais de l'arbre de la science du bien et du mal, tu n'en mangeras point : car, le jour où tu en mangeras, tu dois mourir !* »[8]. Un commandement... dès les origines !

---

[7] Gn 28, 9
[8] Gn 2, 16-17

Comprenons déjà que, venant de YHWH, le commandement est un don de grâce qui permet à l'homme de vivre selon sa condition humaine. Dieu fait une offre de vie et de communion. Il concède une vérité... Il leur dit leur vérité d'homme et ce que doit être leur chemin d'humanité. Ainsi, le commandement biblique n'est jamais « extérieur » à l'être humain. Il n'est pas à interpréter comme une limite à sa liberté. Il rejoint ce pour quoi il est fait. Accepter le commandement, c'est donc accepter d'être ce que nous sommes et de vivre en communion avec l'autre, avec Dieu. Quel est ce « premier » commandement ? Il est nécessaire de créer une distance entre les êtres et les choses. Dans la tradition judaïque, « manger », c'est aller trop loin dans la connaissance de l'autre, vouloir « l'absorber », « fusionner », ne respecter ni son intériorité, ni son extériorité. C'est effacer la distance nécessaire à une vraie relation, au rapport à l'autre. C'est vouloir le manger ! Ici, « ne pas manger » revient donc à « ne pas absorber », « ne pas dominer », « ne pas s'approprier » selon le verbe hébreu employé 'אכל'. Dieu ne nous dit-il pas ici comment vivre et grandir dans une « bonne » relation avec l'autre ? Et s'il était nécessaire de créer « une bonne distance » entre les êtres et les choses ? *« La vraie connaissance ne s'ingurgite pas. Elle s'acquiert au prix de l'expérience. Elle est le fruit de l'écoute. Par l'écoute, chacun se produit lui-même comme fruit de sa propre vie, mûri dans le dialogue avec ses semblables, avec le monde, avec Dieu*[9]. »

Péché originel ou péché des origines ?

S'approprier de l'arbre de la science apparaît comme un acte de domination qui reviendrait à se prendre pour Dieu. « Le bien et le mal » ne se réfèrent nullement au domaine éthique. Dans l'écrit biblique, nous sommes face à un genre littéraire, « le mérisme », qui prend les deux extrémités contraires d'une réalité pour désigner un tout. Ainsi « bien et mal » représentent une

---
[9] *Quel homme suis-je* ? Médiaspol Editions, 1999, p. 85

totalité : l'acte de totalité de toute existence humaine. YHWH dit donc à l'homme ce qu'il ne peut pas devenir, à savoir l'origine de tout le sens de la vie, le maître de tout. Nous savons que la suite de l'histoire raconte que Adam et Eve ont enfreint ce premier commandement. A partir de là, nous avons traditionnellement cherché à définir « le péché originel », comme pour expliquer une transmission biologique de génération en génération... une fatalité ! En réalité, le chapitre 3 de la Genèse annonce bien une chute, un péché. Mais il s'agit du récit du péché des origines qui veut expliquer le mécanisme du péché et de la structure fondamentale de l'être pécheur. Que dit alors notre récit ?

L'homme et la femme ont pris possession du jardin. L'être humain vit sa situation de réalisation de soi, de gestion de son existence. Pas une auto-gestion. Sa vie est relation avec YHWH. Mais YHWH fait le « serpent », « *l'animal le plus rusé* »[10] qui

---

[10] Gn 3, 1

dans ce récit représente le mécanisme de la tentation. A son contact, le serpent sème le doute sur la légitimité du commandement de Dieu chez la femme. En effet, il lui a présenté le commandement de YHWH habilement transformé pour lui apparaître légitimement transgressable : « *Est-il vrai que* YHWH *a dit 'vous ne mangerez rien de tous les arbres du jardin ?* ». Nous voyons la différence des propos : le serpent reprend les termes de Dieu en les transformant subtilement, déviant le propos de façon déguisée. « *YHWH t'a tout donné dans le jardin, tu l'as vu, cela te plaît, mais tu ne peux rien manger !* ». YHWH ne serait donc pas cohérent et aussi généreux qu'il n'y paraît ? Serait-Il mauvais ? La perspective du serpent relève de la manipulation en cherchant à semer le doute sur les véritables intentions du Créateur. Ainsi, la tentation commence quand nous ne voyons plus que Dieu est bon, quand nous doutons de ses dons. Quelles sont les conséquences de tout cela ?

Repli sur soi et rupture

Il est un fait que la femme commence à s'interroger sur YHWH. En dialogue avec le serpent, elle résiste un peu. Elle arrive même à défendre la vérité (v.2), mais la tentation est encore plus forte. Subtilement, elle aussi, transforme la parole divine en retirant du commandement positif la mention de la totalité : passage de « *tous les arbres* » à « *les arbres* », tout en introduisant un élément absent de Gn 2 « *ne pas toucher* ». Ainsi... quand nous décidons que l'arbre est bon et que Dieu est mauvais, nous prenons le fruit (v.6). La femme donne du fruit défendu à l'homme ! Elle veut partager ! Mais ce qui est un geste de bonté et de vie devient la mort quand il est en dehors de la communion avec Dieu. Il s'agit de la solidarité dans la transgression vécue ensemble. Le geste du don devient le geste de la rupture définitive. Tout ce qui est harmonie et communion avec Dieu est détruit. Les rapports sont interrompus : l'homme et la femme qui « ne se parlent pas », cherchent des feuilles dans le jardin pour se couvrir et se cacher au regard de YHWH. Pourtant, Sa voix se fait entendre parcourant le jardin du côté d'où vient le jour. Mais l'homme et sa compagne se cachent de la face de YHWH, parmi les arbres du jardin. « *Où es-tu ?* » demande YHWH à l'homme. Quel drame ! L'homme et la femme sont repliés, centrés sur eux-mêmes. Ils ont peur de ce qu'ils sont. Ils sont en dysharmonie avec ce qu'ils sont et avec Dieu. Le repli sur soi est le principe même de la rupture de la relation. Rupture définitive ?

La question de Dieu à l'homme « *où es-tu ?* », est en quelque sorte salvatrice. Nous pouvons, nous aussi, l'entendre. Où en es-tu avec toi-même ? Quel est ton repère de vie ? Qu'as-tu perdu ? Dieu ne lâche pas l'affaire ! L'homme sent la mise à nu, dans le vrai sens du terme, mais il a la nostalgie d'avoir pu se fier à l'autre tout en étant nu, sans honte. Se couvrir pour lui revient à se défendre. « Veux-tu toujours vivre en te défendant ? », « Veux-tu t'enfoncer dans la spirale de rejeter la faute sur l'autre ? », « Veux-tu rester dans la dynamique du péché ? » Dieu sait que ce cercle vicieux devient une dynamique qui échappe à notre contrôle et qui transcende même la responsabilité et l'intention de l'homme. Nous devenons en réalité victimes de la tromperie. Le chemin de notre humanité semble ainsi assez vite menacé et compromis. L'homme et la femme ont bien vite dérapé et ont mis partiellement fin à la rencontre de l'homme avec l'homme... de l'homme avec Dieu.

Tu peux choisir la vie !

Que faudra-t-il pour que l'homme et la femme retrouvent la relation heureuse décrite en Gn 2 ? La réponse nous vient au verset 14 : le point le plus faible de l'homme, son talon, frappera le serpent nous dit YHWH, lui qui veut punir le péché. Le serpent sera définitivement vaincu comme promesse de salut pour l'homme. Nous sommes loin de la condamnation définitive. Même s'il s'est placé dans une situation mortelle, l'homme a la capacité de prendre conscience de son péché parce que Dieu est toujours là. Nous pouvons penser que nous sommes condamnés à vivre en rupture avec notre environnement et avec les autres. Dieu nous dit qu'il croit en nous, en ce qu'il a déposé de merveilleux en termes de capacité de rencontre harmonieuse avec l'autre. Nous recentrer sur ce don nous permet de sortir d'une spirale maléfique qui nous mène vers la mort. « *Choisis la vie* ! » nous dit Dieu. Choisis la vie que je t'ai donnée, et que ton comportement dévié n'a pas aboli définitivement. Désormais, tu auras toujours le choix… parce que moi Dieu, Je suis fidèle à ma création, Je suis fidèle à l'homme. Je lui permettrai toujours de se réaliser dans son environnement, avec les personnes que seront sur sa route. Je lui donnerai toujours la capacité de choisir la vie !

Une part de gratuité « inespérée » nous rétablit dans cette dynamique du don de soi, de l'ouverture à l'autre et de la confiance. La paix, l'harmonie ne sont pas un pacte qui permet d'envisager une vie tranquille. Elles permettent d'envisager notre vie en construction, en devenir, vers un accomplissement et un épanouissement que

Dieu veut nous aider à réaliser. Nous pensons parfois que Dieu est inutile à notre vie, parce que trop sûrs de nous-mêmes, dans l'auto-suffisance. Le connaissons-nous vraiment ? Croyons-nous qu'Il veuille nous « interdire » et diriger notre vie jusqu'à en perdre notre liberté ? D'après le Rabbin Edouard Robberechts[11], YHWH a créé le monde en sept jours. Que se passe-t-il au huitième jour ? C'est YHWH qui se repose, qui se retire, volontairement, pour que l'homme prenne la suite dans son œuvre de création, qu'il continue de créer pour faire émerger en nous la véritable humanité. N'est-ce pas une leçon ? En effet, il faut être capable de se retirer soi-même pour laisser le divin être en

---

[11] Edouard Robberechts est maître de conférences en philosophie juive à l'université d'Aix-Marseille depuis 2003. Il a également travaillé au centre d'études phénoménologiques de l'Institut supérieur de philosophie de l'université Catholique de Louvain. Il est spécialiste des pensées de Franz Rosenzweig, Emmanuel Lévinas et Paul Ricoeur, sur lequel porte sa thèse de doctorat. Ses recherches récentes l'ont amené à investir le champ des relations entre éthique, religion et politique, et à élargir le champ de la philosophie juive en direction de la Cabale et de son histoire - et de manière plus générale, en direction de l'herméneutique rabbinique.

soi. Le vide de nous-même doit habiter le cœur de nos relations. Si nous nous demandions « comment faire l'homme ? » « Comment accomplir l'homme ? » Dieu ne nous livre-t-il pas la condition d'une société plus humaine ? la condition de l'unité de notre humanité ?

Chapitre 3
Caïn et Abel, frères en rivalité ?

Entre rivalité et ressentiment

La suite de l'histoire, dans la Bible, est celle de la descendance d'Adam et Eve, qui ont engendré Caïn et Abel ; deux fils qui, en théorie, offraient les promesses d'une fraternité réussie. Cette histoire est racontée en Genèse au chapitre 4. Dès le départ, le récit nous dit que ces deux frères ont un style de vie que tout oppose : Caïn cultive la terre ce qui implique une vie sédentaire. Abel est pasteur d'un troupeau, ce qui suppose la vie nomade. Mais au-delà de ce qui les oppose, il faut voir leur point commun : la volonté de faire plaisir à YHWH en souhaitant chacun offrir le fruit de son travail. Caïn présente à YHWH une partie du fruit de sa récolte, Abel lui, offre « *des premiers nés de son bétail.* »[12] Les deux fils sont animés du désir d'être aimés et ils pensent obtenir cette affection par leur mérite et l'offrande de ce qui leur tient à cœur. Résultat : « *YHWH se montra favorable à Abel et à son offrande, mais à Caïn et à son offrande il ne fut pas favorable ; Caïn en conçut un grand chagrin, et son visage fut abattu* »[13]. Tout est dit... ou presque. Le texte ne nous dit pas pourquoi YHWH accorde plus de crédit à l'offrande d'Abel qu'à celle de Caïn. Et il laisse une vraie question : Abel serait-il le préféré ? Pourquoi l'offrande de Caïn n'a-t-elle pas retenu l'attention du Seigneur ? Cela a-t-il quelque chose à voir avec la qualité de l'offrande ?

La réaction de Caïn n'est pas une surprise. Il se sent victime d'une injustice de la part de YHWH et ses sentiments sont faciles

---

[12] Gn 4, 4
[13] Gn 4, 5

à décrypter : il ressent jalousie et amertume. Il n'aurait pu que s'en prendre à YHWH et Lui demander des comptes, au moins les raisons de sa préférence, mais il en veut directement à son frère Abel, jusqu'à lui vouloir du mal, tant sa colère est grandissante et insupportable. Dans le fond, qu'est-ce qui est insupportable ? Probablement son ressentiment. Ce qu'il ne supporte pas en lui-même, Caïn le projette sur son frère, ce qui lui évite de se remettre en question. « *Caïn parla à son frère Abel, mais il advint, comme ils étaient aux champs, que Caïn se jeta sur Abel ; son frère, et le tua.*[14] » Nous assistons ici à la rivalité psychologique entre deux frères qui aboutit à une rupture violente de la fraternité. Son frère Abel reçoit ce qui lui est refusé, à lui, Caïn. Ce dernier se laisse submerger par la violence du au sentiment d'échec. Nos violences ne sont jamais très loin du ressenti de Caïn. Le chemin d'humanité peut s'interrompre brutalement, car il n'implique ici aucune remise en question, et distance émotionnelle. La

---

[14] Gn 4, 8

rencontre avec son frère est bloquée et mène vers une issue fatale. Qu'a-t-il manqué à Caïn pour préserver la paix du cœur, l'harmonie avec son frère, et grandir ainsi en humanité ? Le chemin d'humanité semble si difficile à réaliser. On ne naît pas homme… on le devient. Mais à ce point du récit, nous nous demandons comment.

Une nouvelle disposition du coeur

Quelle image de Dieu aurions-nous si nous étions certains, comme Caïn, qu'il a accordé sa préférence à Abel ? Et si Caïn devait être mis à l'épreuve ? Le prénom Caïn vient du verbe hébreu « qanah= j'ai acquis ». Qu'a acquis Caïn ? une certaine indépendance, la réalisation par la force de ses bras, au prix de beaucoup de labeur et d'énergie. Il y a plus : Caïn est en droit de revendiquer une préférence au regard de son droit d'aînesse. Il pense ne devoir à personne le prix de sa réussite. En langage moderne, Caïn est auto-centré. Il est trop plein de lui-même. Et en même temps, il est si conditionné par le regard de YHWH et dépendant de son regard sur le fruit de son travail. La décision de YHWH paraît arbitraire et profondément injuste, mais dans le fond, ne souhaite-t-il pas amener Caïn vers une nouvelle prise de conscience ? Et s'il voulait l'orienter vers la possibilité d'une relation nouvelle avec Lui, et la priorité donnée aux dispositions du cœur ? YHWH cherche dans le fond à ce qu'il donne le meilleur de lui-même « *Si tu t'améliores, tu pourras te relever* »[15]. Mais Caïn n'est pas capable de cette lecture et c'est bien l'inverse qui se produit. Ce qu'il ne supporte pas en lui-même, il le rejette sur son frère Abel jusqu'à le tuer, avons-nous dit. Il a fait ainsi du mal à son frère. Le mot prochain et le mot mal ont la même racine en hébreu : רע 'prochain' et רַע 'mal' . L'étymologie dit le mal que l'on peut faire au prochain. « *Est mal ce qui fait mal* » écrit Lytta Basset dans son ouvrage <u>Le pouvoir de pardonner</u>. Le Mal est ce qui fait mal, ce qui fait du mal et conduit à la mort de la relation. Combien de fois n'avons-nous pas tué notre

---

[15] Gn 4, 7

frère mentalement, verbalement, sans le faire physiquement ? Pour autant, cela ne revient-il pas à donner la mort ? De fils privilégié et proche, Caïn devient « errant et éloigné ». La question de YHWH : « *Où est Abel ton frère ?* »[16] le place devant un vrai problème : comment Caïn pourra-t-il vivre avec cela ? Il vit sans : il n'est tout simplement pas responsable de son frère … « Où es-tu Adam ? ». L'homme n'est plus là, il n'est plus un homme. Son chemin en humanité s'est arrêté lorsqu'il a tué la rencontre et la relation avec son frère.

Se mesurer à l'obstacle, être plus grand

Grâce à ce que Dieu souhaite faire comprendre à Caïn, nous apprenons que nous ne gagnons pas une relation par le mérite. Caïn est appelé à grandir, à déplacer les repères, à bouger dans ses certitudes. La tentation est si grande de se faire valoir par notre droit ou ce dont nous sommes

---

[16] Gn 4, 9

capables. Grande est celle aussi de fonctionner par la comparaison. Qui ne s'est jamais comparé à telle personne, à son frère, à sa sœur, pour être conforté ou non dans la valeur qu'il a ? « *La rivalité est fondée sur l'esprit de comparaison. Elle nous place en évaluation face à l'autre. Par cela, elle établit des jugements de valeur selon des critères établis par la société. Elle fait entrer dans une logique du rapport de force et nous amène à considérer qu'il faut éliminer l'autre pour survivre.* »[17] Ce mode de fonctionnement revient, dans le fond, à n'être pas assez satisfait de soi pour aller voir chez l'autre ce que nous voudrions pour nous-mêmes. Très souvent, nous n'avons pas conscience de notre propre valeur, c'est pourquoi nous la cherchons dans le regard de l'autre (comme Caïn avec YHWH) ou dans la comparaison avec les autres. Pourquoi chercher notre propre « consistance » en dehors de nous-mêmes ? L'appel ici est de faire un chemin pour être en contact avec le « moi

---

[17] Philippe Dautais, Le chemin de l'homme selon la Bible, DDB, 2009, p. 37

authentique » qui rend indépendant du regard de l'autre et qui se suffit de ce qu'il a. Cela ne revient-il pas à se libérer de soi-même pour mieux aller vers l'autre ? C'est à ce prix que le chemin d'humanité semble possible.

« *L'homme se découvre quand il se mesure avec l'obstacle* »[18] disait Antoine de Saint-Exupéry. Comme Caïn, nous sommes appelés par Dieu à nous assumer avec une faiblesse, à exister pour ce que nous sommes, « ex-essere », à sortir de nous-mêmes, de la définition que nous avons de nous-mêmes pour exister en allant librement à la rencontre de l'autre.

Mais laissons la relation de la fratrie bien mouvementée et tournons-nous vers celle d'un couple... modèle ?

---

[18] Antoine de Saint-Exupéry, Terre des hommes, 1938

Chapitre 4
Abraham et Sara, une relation au-delà des limites de l'infertilité ?

Un couple en marche vers sa destinée

Notons qu'avec le récit de Abraham et de Sara, nous avons la première histoire d'un couple en marche va sa propre destinée et sa propre réalisation. Il est en ce sens le « modèle » inspirant pour toutes nos relations de couple. Nous situons le début de ce récit en Genèse, au chapitre 12. Abram (son nom d'origine) est appelé à quitter son pays pour se rendre vers une terre inconnue. Il doit laisser ce qu'il connaît : ses habitudes, ses relations, sa stabilité à Harân, pour entreprendre une vie de nomade. Il n'est pas raconté avant ce moment-là la rencontre d'Abram et de Saraï. Mais il est dit qu'ils sont mariés et qu'ils vivent déjà ensemble puisque « *Abram prit sa femme Saraï... Ils se mirent en route pour le pays de Canaan* »[19]. Le plus important ici n'est sans doute pas le jour de

---

[19] Gn 12, 5

leur rencontre, mais la mise en place de leur projet de vie, selon la volonté de YHWH. Cela doit commencer par « aller » ... que beaucoup traduisent par « quitter ». En réalité, ce לֶךְ לְךָ en hébreu se traduit littéralement par « va vers toi » ou « va pour toi ». D'abord l'impératif du verbe « aller » en hébreu puis la préposition ל qui indique la direction auquel il est accroché le possessif de la 2ème personne du singulier. Autrement dit, Abram doit quitter le groupe qu'il connait et aller vers sa propre femme pour créer, et inventer son propre chemin. Abram et Saraï doivent tous les deux partir également pour aller vers leur propre vie, vers ce qu'ils ont à réaliser ensemble. Ils vont vers ce que la vie leur réserve, avec ses aléas qui viendront consolider leur union. Disons ici qu'ils sont ensemble vers un même projet. Il s'agit d'une adhésion mutuelle vers un choix de vie réalisée avec une certaine audace. Quoi de plus inspirant ?

**La sainteté au quotidien :
apprendre à vivre avec un manque**

Abram et Saraï partent avec la certitude d'une descendance, puisqu'il s'agit de la promesse de YHWH faite à Abram : « *Tout le pays que tu vois, je le donnerai à toi et à ta postérité pour toujours. Je rendrai ta postérité comme la poussière de la terre, alors on comptera les grains de poussière de la terre, alors on comptera tes descendants* »[20]. Il faut dire que pour ce couple, au départ, le sujet de la descendance n'est pas la préoccupation centrale. Ils sont appelés à vivre ce que tout couple doit vivre, avec des obstacles inhérents à toute destinée. Saraï est convoitée d'abord par Pharaon en Egypte puis par Abimélek, le roi de Gérar, parce que trop belle. La confusion d'Abram due à la beauté de son épouse lui fait demander par deux fois à Saraï de se faire passer pour sa sœur. Un mélange d'intentions et de sentiments qui montre que le Seigneur peut tracer un chemin de sainteté

---

[20] Gn 13, 15

avec quelques intentions équivoques. Abram est aussi un guerrier compétent et averti. Il risque sa vie dans des combats militaires. Des années durant, il se réalise « professionnellement ». Il doit mener à bien sa carrière militaire, ce qu'il fait en gagnant les combats. Saraï de son côté doit accomplir son rôle d'épouse au sein d'un quotidien « ordinaire ». Être choisi ne dispense pas du devoir d'état. Bien au contraire. C'est dans le quotidien que tout se joue. La volonté de YHWH ne peut se réaliser que dans notre destin le plus banal. Mais tout cela ne cache-t-il pas un vrai manque pour ce couple ? L'expression de ce manque est formulée par Abram au chapitre 15 de la Genèse : « *Mon Seigneur YHWH, que me donnerais-tu ? Je m'en vais sans enfant … voici que tu ne m'as pas donné de descendance et qu'un des gens de ma maison héritera de moi* »[21]. C'est à ce moment-là que YHWH lui fait cette promesse, déjà faite auparavant, mais si lointaine dans l'esprit d'Abram : « *Lève les yeux au ciel et dénombre les étoiles si tu peux les*

---

[21] Gn 15, 1

dénombrer ; telle sera ta postérité... Abram crut dans le Seigneur, qui le lui compta comme justice »[22]. Et si le moment était arrivé de croire, pour Abram et Saraï, alors que les apparences sont incertaines ? La réalité des faits est simple et objective : Saraï est trop âgée, elle ne peut pas donner d'enfant à Abram qui lui a 86 ans.

Au-delà de l'impossible : le rire du possible de YHWH

Dans un premier temps, le couple, si emblématique, va alors vouloir forcer la promesse. Saraï suggère à Abram de se rapprocher de sa servante Agar dans le but d'obtenir l'enfant qu'elle ne peut pas lui offrir. Même si de prime abord, la proposition de Saraï peut nous choquer, elle correspond aux pratiques prévues dans un contrat de mariage assyrien. En cas d'infertilité, le remplacement de la femme légitime par la servante est préconisé. La stérilité du couple

---

[22] Gn 15, 1-2.5-6

à ce moment-là est un vrai sujet... mais peut-on résoudre le problème par soi-même ? Avons-nous toujours les forces et les ressources en nous-mêmes pour faire face et dépasser des situations qui s'apparentent à des impasses ? Le patriarche semble dépassé par les événements : il accepte la proposition de Saraï et aura un fils d'Agar, appelé Ismaël. S'ensuit un conflit entre Saraï et Agar qui engendre le départ de cette dernière avec son fils. Il faut s'en remettre parfois à une autre logique, celle de YHWH, pour comprendre que rien ne Lui est impossible. Un appel à la foi ?

    Même si ce couple a cherché à résoudre le problème par lui-même, YHWH lui propose une alliance unique sur laquelle fonder toutes ses intentions et toutes ses décisions. Abram a 99 ans. Cette alliance est clairement une nouvelle étape pour leur couple. Elle est signifiée par un changement de nom : Abram devient Abraham et Saraï devient Sara. YHWH ajoute : « *Je bénirai Sara et même je te donnerai d'elle un fils, je la bénirai* »[23] … Abraham tombe face contre terre et se mit à rire… il a 100 ans et Sara 90 ! Les nombres sont étonnants ! « *Ils disent avant tout le projet de Dieu et la façon dont il éclaire le temps des hommes, tandis que sa promesse de fécondité affronte et traverse aussi les impossibles de l'homme.* »[24] Ensemble, ils sont appelés à remettre leur vie et leur désir de fécondité à YHWH et à cheminer vers tous ses possibles. Ils vont faire des rencontres qui sont des signes. Ce couple si accueillant fait entrer chez lui trois hommes au chêne de Mambré. L'un d'eux parle avec Abraham de cette future naissance. C'est au tour de Sara, qui surprend la conversion, de « *rire en elle-même* »[25]. Décidément, les évidences ne permettent pas d'envisager la créativité de Dieu dans notre vie et sa capacité à aller au-delà nos limites ! Nous pouvons rire des promesses et du

---

[23] Gn 17, 16
[24] Jacques Nieuviarts, *La marche dans la Bible, Nomadisme, errance, exil et pressentiment de Dieu*, Editions Bayard, 2018, p. 37
[25] Gn 18, 12

possible de Dieu dans notre vie, si éloignés objectivement du réalisable...

Mais Abraham et Sara seront les témoins privilégiés de la parole agissante de YHWH qui réalise toutes les promesses et va au-delà des possibles. « *Sara conçut et enfanta un fils à Abraham déjà vieux, au temps que Dieu lui avait dit... Abraham lui donna le nom d'Isaac* »[26]... « Dieu rit » à son tour de ce qu'Il a déjoué les plans trop lisses et prévisibles de ce couple pourtant si attentif à sa volonté. Il a rendu possible l'impossible ! Pourquoi ? Pour mener au plein épanouissement, à la pleine réalisation. Isaac est le fils donné par Dieu. Entendons donc que la fécondité est un don. C'est une grâce à recevoir. L'enfant ne nous appartient pas. Ce don dit quelque chose de l'exigence de l'amour : nous devons aimer cet autre pour lui-même, non pas pour nous-mêmes.

---

[26] Gn 21, 2

Être l'un pour l'autre

La fin de la vie de Sara nous est relatée avec beaucoup de délicatesse. A 127 ans, elle meurt à Qiryat-Arba, au pays de Canaan. « *Abraham entra faire le deuil de Sara et la pleurer ... il enterra Sara, sa femme, dans la grotte du champ de Makpéla au pays de Canaan* »[27] qu'il avait acquis. Le texte laisse entendre qu'il a fourni de nombreux efforts pour acquérir ce terrain et envisager une sépulture digne de sa bien-aimée. Abraham lui vécut jusqu'à 175 ans. Il est enterré par ses fils Isaac et Ismaël à côté de son épouse, dans la grotte de Makpéla. Des nombres invraisemblables qui disent l'extraordinaire dans l'ordinaire d'une vie à deux. Un accomplissement qui dépasse toute logique humaine.

Que nous inspire ce récit ? D'abord beaucoup d'amour, de tendresse, d'attention à l'autre. Aussi les aléas de la vie, les combats. L'appel à la sainteté n'immunise pas contre les difficultés. C'est même

---

[27] Gn 23, 19

souvent le prix à payer pour vivre un chemin de maturité dans la foi. Abraham et Sara sont là l'un pour l'autre. Dans le doute et la confiance, dans l'accomplissement des promesses de Dieu. Ils cheminent ensemble dans le manque. Ils reçoivent ensemble les bénédictions de Dieu. Ils savent attendre. La réalisation des promesses n'est pas instantanée. L'attente éprouve mais génère la confiance et l'abandon. Abraham et Sara sont l'exemple type de « l'écoute » en couple, de la recherche de faire la volonté de YHWH, de s'accrocher à l'Alliance qui en a fait des êtres nouveaux. Leur sainteté réside dans le fait d'apprendre à écouter ensemble la Parole de YHWH, et de croire à la réalisation de la promesse. Ils sont ouverts à ce que YHWH peut réaliser dans leur vie. Leur exemple peut être le nôtre. La construction de notre quotidien, en couple, peut être le fruit d'une écoute attentive pour laisser le Seigneur agir et transformer ce qui peut l'être à ses yeux.

Nous pouvons nous demander : lequel des deux apporte le plus à l'autre ? Abraham est un homme généreux, altruiste, audacieux. Il y a chez Sara des traits plus radicaux de pragmatisme, de rigueur. Ils s'apportent sans doute mutuellement, par ce qu'ils sont, chacun. Vivre en complémentarité est-ce chercher notre pareil ? chercher notre différent ? Il est épanouissant de chercher son différent pour trouver son équilibre. La vie de couple, c'est la force de donner à l'autre. C'est aussi apprendre à recevoir de l'autre. Le plus beau cadeau que l'on puisse lui faire, n'est-ce pas de lui permettre d'exister pour ce qu'il est ? N'est-ce pas même « lui permettre d'exister » pleinement ?

L'histoire d'Abraham et de Sara est à de nombreux égards inspirante. Elle n'a pas pour but d'informer (doit-on croire en leur longévité sur plus d'une centaine d'année ?) mais de former la conscience religieuse. Nous pouvons tous puiser des enseignements sur la manière dont Dieu nous appelle et nous accompagne lorsque l'on fait route à deux, ainsi que sur les raisons d'espérer. *« Que ce soit Sarah ou, par la suite, les autres femmes stériles de la Bible, Anne, la mère de Samson,*

Elisabeth... ces histoires tendent toutes à montrer que, partout où il y a une impossibilité humaine, Dieu, par la promesse, transgresse les impasses et ouvre un chemin »[28]. Il faut ajouter que Dieu rend davantage possible à deux... pour compter sur la force de l'autre quand il n'y a plus de force en soi.

Chapitre 5

Moïse et Aaron, entre autorité et complémentarité

Deux frères, un même combat

La suite des récits bibliques nous fait rencontrer Moïse et son frère Aaron[29]. Nous savons que la figure de Moïse est centrale dans toutes les religions monothéistes. Il est appelé par YHWH à être le chef du peuple

---

[28] Jacques Nieuviarts, *La Bible nomade, La Genèse*, Bayard 2012
[29] Les fils de Anram et Yokébed

hébreu pour le mener vers sa propre libération. Il reçoit la Loi et la transmet. Avant de tuer un Égyptien pour avoir malmené un hébreu, Moïse est sauvé des eaux par la fille de Pharaon et passe ses jeunes années à son palais pour y recevoir une bonne instruction. Mais cet incident le conduit à s'enfuir et connaitre la vie de nomade. C'est en chemin vers Madian qu'il rencontre Jéthro, puis sa fille, qui devient son épouse. Ensemble, ils fondent une famille. Il est amené à retrouver son frère Aaron et faire route avec lui. Aaron a de son côté également fondé une famille. Le récit de l'Exode va ensuite donner de l'importance à l'incroyable appel de YHWH et aux missions confiées à Moïse. Car c'est là que tout se joue : à la demande de YHWH, faire sortir les hébreux d'Egypte, les mener au désert, leur transmettre la Loi et leur apprendre à vivre sur ce chemin vers la Terre Promise.

Moïse apparaît d'emblée comme « *le serviteur* »[30]. Ce que YHWH lui demande est

---

[30] Nbre 12, 7-8

incroyablement lourd pour les épaules d'un seul homme. C'est pourquoi Moïse a la sagesse de demander de l'aide à Aaron, son frère. « *Moïse était alors âgé de 80 ans et Aaron de 83 ans lorsqu'ils parlèrent à Pharaon.* »[31] Moïse n'est pas doué pour la parole. Il ne connait que trop bien ses limites. C'est pourquoi il fait appel à son frère sur le conseil de YHWH : « *N'as-tu pas Aaron, ton frère, le lévite ? Je sais qu'il parlera très bien.* »[32] Les deux frères sont alors appelés au même combat et à relever le même défi, en commençant par celui de rencontrer Pharaon pour demander la libération des hébreux de l'Egypte. Ils deviennent alors inséparables. Moïse reçoit le message de la part de YHWH et Aaron se fait le porte-parole auprès du Pharaon[33]. Une complémentarité naissante, un appui humain. Le serviteur n'est pas dans le contrôle absolu, la réalisation personnelle et exclusive de la mission. Moïse nous apprend que le bon

---

[31] Ex 7,7
[32] Ex 4
[33] Ex 4, 15-17

serviteur sait se faire aider, et que la responsabilité confiée est en réalité un service. Sans doute serait-il utile de s'inspirer de cet état d'esprit de Moïse lorsque nous nous voyons confier des responsabilités dans la famille, dans le milieu professionnel ou ecclésial. Nous sommes souvent enclins à vouloir tout gérer seul, comme si le succès ne dépendait que de nous, pour finalement ne mettre en évidence que le mérite acquis à travers l'entreprise réalisée par nous-mêmes.

Et si Moïse et Aaron nous indiquaient une tout autre logique ? S'aider en mettant chacun ses compétences au service de la réalisation de la mission confiée. Le souci du partage des compétences, de la réalisation en équipe pour en garantir le succès. Quelle plus grande preuve de maturité que de réaliser une mission en acceptant l'aide sans laquelle tout devient plus lourd et difficile, même s'il faut partager le prix du succès à l'arrivée !

Un frère fidèle mais pas infaillible

Une fois le peuple libéré du joug des Egyptiens, c'est le départ pour une longue traversée dans le désert. Un périple éprouvant durant lequel Aaron soutient son frère Moïse. Il est raconté en effet dans le livre de l'Exode au chapitre 19 qu'au cours d'une bataille contre les Amalécites, Josué, le commandant de l'armée d'Israël, ne remportait la victoire que quand Moïse élevait les mains. Ainsi, lorsque ce dernier s'est mis à faiblir, Aaron et Hur ont placé une pierre en dessous de lui et lui ont soutenu les mains. Il est aussi relaté qu'à chaque fois que Moïse devait s'absenter pour se rendre sur la Montagne, Aaron était chargé de gérer les problèmes éventuels avec le peuple hébreu resté en bas[34]. Il n'y a pas à en douter, l'appui d'Aaron est factuel et solide.

D'autant plus que la mission de Moïse n'est pas de tout repos, et l'aide d'Aaron n'est pas du luxe ! Le peuple « a la nuque raide ». Il ne cesse de gémir jusqu'au point de

---

[34] Ex 24, 14

regretter la période d'esclavage en Egypte. En effet, la marche est longue et rude, il ne mange pas toujours à sa faim, des conflits apparaissent. Moïse doit apprendre à commander. Il sait là encore qu'il peut compter sur son frère Aaron lorsque YHWH l'incite à lui confier le sacerdoce[35]. Après la rébellion de Coré contre Moïse et Aaron (Coré ambitionne la place d'Aaron comme sacrificateur), YHWH a accompli un miracle pour confirmer qu'il avait vraiment choisi Aaron et sa descendance pour le servir. Douze bâtons, un pour chaque tribu, sont collectés, celui de la tribu de Lévi portant l'inscription du nom d'Aaron. Ces bâtons sont déposés, de nuit, dans le Tabernacle, devant l'Arche d'Alliance. Le lendemain matin, le bâton d'Aaron fleurit. Il bourgeonne, donne des fleurs et des amandes[36]. Quel signe pour confirmer Aaron dans sa mission !

Ce frère est fidèle à YHWH et à Moïse, mais il n'est pas infaillible. L'épisode du veau

---

[35] Ex 29, 9
[36] Nb 17, 8

d'or[37] en témoigne. Alors que Moïse doit encore s'absenter pour se rendre sur la Montagne, cette fois-ci pendant 40 jours, Aaron a accédé à la demande du peuple de construire « un dieu » pour le vénérer. En acceptant, il a contribué à fourvoyer le peuple et à le ramener à ses plus bas instincts. A son retour, la colère de Moïse montre un profond désaccord entre les deux frères. Moïse veut remettre de l'ordre et faire avec force ce que Aaron n'a pas réussi à faire : mener le peuple vers ce qui va le faire vraiment vivre. Mais même après cet épisode, Moïse et Aaron sont indissociables. A en juger par ce récit, la collaboration n'est pas toujours parfaite parce qu'elle est humaine. Mais malgré ses imperfections, elle mène vers la réussite du projet de YHWH. Elle se construit en faisant le chemin, grâce aux aléas des circonstances qui conduisent parfois à prendre des décisions moins éclairées. Elle mène cependant vers une meilleure connaissance mutuelle, consolide les liens, et fortifie la relation. Loin de l'avoir « abîmée », cet

---

[37] Ex 32 ; 33

épisode a renforcé les liens fraternels. Il a resitué chacun à sa place et a développé la complémentarité dans la mission pour le projet de YHWH réussisse. Ne rêvons pas d'une complémentarité parfaite dans une mission à accomplir en collaboration ! il suffit souvent d'une intention honnête, de la remise en question et du dialogue.

Le chemin dynamique de l'Alliance

Le projet des deux frères est gigantesque : conduire le peuple à son chemin de maturité, vers une réponse « d'adulte » auprès de son Dieu, dans ce chemin de fidélité à l'Alliance.

Mais, voyons de plus près. Que font Moïse et Aaron en réalité ? Ils éduquent le peuple, ils l'initient à l'écoute des Paroles de Vie pour qu'il soit rendu capable de faire la volonté de YHWH. Ils y arrivent ! « *Puis ayant pris le Livre de l'Alliance, Moïse le lut au peuple qui l'écoutait* »[38]. Le peuple est alors

---

[38] Ex 24, 8

capable d'une réponse libre נעשה « *Nous ferons... Nous écouterons et nous obéirons* ». L'écoute dont il s'agit ici, c'est celle qui coïncide au désir du coeur et de la volonté de YHWH. C'est le moment du point de rencontre entre la volonté du peuple hébreu et de celle de son Dieu : un chemin dynamique de l'Alliance. D'ailleurs le mot « commandement » qui traduit le mot hébreu « mitsvoth » signifie « exercice ». Nous sommes appelés à « exercer » nos capacités, à nous entraîner à être ce pour quoi nous sommes faits, à nous « exercer » à être vraiment hommes, et à aller vers notre accomplissement. Dieu introduit une dynamique relationnelle où l'homme n'est plus le centre de lui-même. Il est dans l'accueil de ce qui le rend encore plus lui-même, parce qu'il est ouvert à l'Autre. La Parole de Dieu est le lieu de la rencontre dynamique, toujours active, qui suscite l'écoute et la réponse libre pour permettre chaque avancée vers notre propre humanité et notre vie. Mais la démarche personnelle s'inscrit toujours dans une démarche plus large. Chaque individu, dans sa libre acceptation de l'Alliance, contribue à créer un peuple de frères pour aller vers même un projet et une même direction : le choix de la Vie ! Grâce à l'engagement de Moïse et d'Aaron, nous avons les premiers chemins d'humanité.

Vers un peuple de frères

Dieu, avec l'aide de Moïse et d'Aaron, doit amener progressivement à la dimension collective, à son projet sur la terre, à l'inauguration de son Royaume. C'est ainsi que les enfants de Gad et Ruben nous livrent un autre נעשה « nous ferons »[39]… nous ferons ce que YHWH a dit à ses serviteurs. Le peuple d'Israël sert d'exemple malgré la conjoncture politique défavorable, pour inscrire une forme collective au projet de Dieu, inscrire l'homme dans l'histoire. Il témoigne pour l'humanité de la possibilité de construire l'humain. Moïse et Aaron ont joué

---

[39] Nbre 32, 31

un rôle fondamental dans cette prise de conscience, patiemment, et au rythme du peuple qu'ils ont accompagné avec délicatesse et fermeté.

Et nous aujourd'hui, ne sommes-nous pas appelés à cette écoute de la Parole de Dieu qui, à un niveau personnel, nous « ajuste » à sa volonté, mais qui, au niveau sociétal, engage notre responsabilité ? Nos actes sont-ils porteurs de vie, de plus d'humanité, de plus de relationnel, dans un monde qui tend à se passer de l'autre, de ses besoins ou tout simplement de sa reconnaissance ? Sommes-nous prêts à construire un monde plus humain avec nos נעשה « nous ferons » consécutifs, à l'écoute de la Parole de Dieu ? Dieu nous laisse l'espace et le temps pour inventer « la terre nouvelle » et « les cieux nouveaux ». Inscrivons notre vie dans la relation à Dieu et aux autres. Permettons à Dieu d'intervenir dans l'Histoire, pour l'orienter vers son accomplissement.

La loi, reçue et transmise par Moïse avec l'aide d'Aaron, est nécessaire pour un vivre ensemble et permettre à une société de se construire et de se développer. Si la loi est structurante pour le collectif, elle l'est aussi pour l'individu : « *Vous suivez entièrement la voie que YHWH votre Dieu vous a prescrite afin que vous viviez et que vous soyez heureux* »[40].

Le juste doit être humain

Soulignons que Moïse s'est trouvé face à un grand défi : la relation d'autorité vis-à-vis de son peuple. Il ne domine pas. Il ne soumet pas. Il n'abuse pas pour son nom propre, mais il prend soin. Il juge avec indulgence et gouverne avec beaucoup de ménagement. Et si nous étions des enseignants, des pédagogues, des éducateurs à l'image de Moïse ? YHWH a enseigné que « le juste doit être humain[41] ». Comme Moïse, le juste est l'homme au cœur

---

[40] Dt 5, 33
[41] Sag 13, 19

« ajusté » à YHWH, à ses intentions, à ses dispositions. Il peut être alors cet éducateur ou cet enseignant qui s'efforce d'être plus « humain ». Paradoxe apparent pour un homme ou une femme d'être appelé(e) à être plus humain. N'est-ce pas à priori, dans la logique de ses compétences ? Mais sur ce chemin, l'enseignant et l'éducateur doivent toujours être enseignés. Oser des paroles de vie qui donnent la vie ... celles qui dynamisent et qui incitent à continuer l'apprentissage de la vie. Être plus humain, c'est sûrement accepter de faire le chemin « avec », comme Moïse et Aaron, dans le partage réciproque d'une destinée, de nos convictions, de nos valeurs, sans forcément se croire plus « à l'avant » ou supérieur.

Moïse, « l'homme le plus humble de la terre », ne va pas « devant » ... Bien au contraire, il sait disparaître. Il s'éclipse à la fin de sa vie. Il s'efface sans même entrer en Terre Promise. Aaron non plus d'ailleurs. Quelle leçon ! Se voir confier une mission, une responsabilité, une autorité, puis être appelé à disparaître. Moïse et Aaron n'ont pas achevé leur mission, ils disparaissent pour que d'autres puissent l'accomplir. Qui d'entre nous est capable de se retirer simplement, humblement, à ce niveau-là, sans éprouver la frustration de se sentir « dépossédé » ?

PARTIE II

Modèles bibliques dans la Nouvelle Alliance

Tous frères en Jésus

La lecture des Evangiles nous permet d'avancer encore plus loin dans la compréhension de ce que Dieu veut sur la terre des hommes. Nos chemins d'humanité sont sa priorité. Le devenir de l'humain est-il si important à ses yeux pour qu'il veuille s'y intéresser au point de faire sa demeure parmi nous[42] et devenir homme parmi les hommes ?[43] ?

Dieu nous a donné Jésus, à la fois pour se faire connaître « *Qui me connaît connaît le Père* », mais aussi pour nous apprendre à vivre en relation les uns avec les autres : « Aimez-vous les uns les autres comme je vous ai aimés ». Alors, que doit-on apprendre de Jésus ? Comment vivre, certes, mais comment vivre comme homme sur le chemin de l'homme. C'est la raison pour laquelle il n'hésite pas à parcourir les chemins des hommes et des femmes de toutes conditions tout au long de sa vie publique. Il va à leur rencontre et ouvre les yeux sur le devenir possible de l'homme avec l'homme par la voie de l'amour du Père. Les Evangiles nous invitent à contempler la manière qu'à Jésus de regarder notre humanité. Il ne se pose pas comme modèle à « imiter », même s'il est bien question de le suivre. Reproduire ses faits et gestes ne sert de rien si leur contemplation ne nous amène pas aux

---

[42] Jn 1, 14
[43] Phil 2, 6-11

mêmes sentiments que Lui lorsqu'il rencontre un homme, une femme, malade ou blessé(e) par la vie.

Jésus est l'Homme qui peut nous apprendre à être plus homme parce qu'en relation profonde et humaine avec les hommes que nous croisons sur le chemin de la vie. Le vrai sens de la notion de disciple se trouve ici : là où suivre Jésus signifie rencontrer les hommes comme Lui, les regarder comme Lui et s'engager ... comme Lui.

Chapitre 1

Jésus et son Père, une confiance absolue

« Abba, Père »

Le visage de Dieu livré par Jésus est « Abba », Père. C'est l'expression araméenne que Jésus employait pour s'adresser à Dieu. Jésus tient ce rapport au Père de la tradition de l'Ancienne Alliance. Dieu est Père car créateur, à l'origine de tout. Il est aussi Père car il conduit son peuple : « *Je suis un Père pour Israël et Ephraïm est mon premier-né* »[44]. Le peuple le reconnaît également comme Dieu et Père : « *YHWH, tu es notre Père, nous sommes l'argile, tu es notre potier, nous sommes l'œuvre de tes mains* »[45]. « *Au cœur des aléas de l'histoire et de ses interrogations, l'homme n'est pas seul car Dieu est présent et attentif comme un Père* »[46].

    Ce lien qui unit Jésus à Dieu, son Père, est unique. Il grandit dans cette conscience dès son plus jeune âge grâce à Joseph, son père adoptif, qui a respecté cette relation puisqu'il savait que Jésus était le Fils de Dieu. En dehors du débat théologique sur sa conscience, progressive ou non, d'être le Fils de Dieu, il est possible d'affirmer qu'Il est convaincu d'un lien unique avec Dieu. Déjà adolescent, il doit « être aux affaires de son Père » en échappant à Marie et à Joseph pour

---

[44] Jer 31, 9
[45] Is 64, 7
[46] Os 11, 1-9

se rendre au Temple. Il sait ensuite qu'il doit accomplir une mission qui se dessine peu à peu et prend toute son envergure lors de sa vie publique. Jésus adhère totalement à l'amour absolu de son Père. Sa confiance en Lui est inébranlable. Elle est faite d'écoute et d'abandon. Elle engendre l'obéissance totale pour l'accomplissement de sa mission. Ce n'est pas qu'un sentiment : c'est une attitude profonde de foi en Dieu qui, par lui, Jésus, veut sauver le monde. Dans les moments clés de sa vie publique, Jésus monte sur la Montagne pour s'entretenir avec son Père. Il soigne cette relation car elle le fortifie et lui donne le sens profond de sa mission.

Jésus, reflet de l'amour du Père

Tout au long des Evangiles, Jésus nous révèle l'amour du Père. Il illustre en Luc 12, 32-34 que c'est Lui, notre Père, qui conduit notre destinée : « *Ne crains pas petit troupeau ; car il a plu à votre Père de vous donner le Royaume. Vendez ce que vous possédez et donnez-le en aumônes* ». Il nous invite à chercher le Royaume et sa justice, car notre Père aura souci du lendemain[47], Il connait le fond des cœurs, Il voit dans le secret[48], Il sait de quoi nous avons besoin[49].

Jésus nous dit aussi qu'il reçoit tout du Père et que « *nul ne connaît le Fils, si ce n'est le Père, et nul ne connaît le Père, si ce n'est le Fils et celui à qui le Fils aura voulu le révéler* »[50]. Il y a donc plus : Jésus nous fait bénéficier de cette relation unique ! Selon Saint Luc, les disciples sont interpelés par la relation qu'ils devinent exister entre Jésus et son Père. C'est ainsi qu'ils désirent entrer dans ce circuit de l'amour : « *Seigneur, enseigne-nous à prier* ». « *Quand vous priez dites 'Père'* »[51]… Jésus nous révèle que « Père » est le nom de Dieu et que l'homme peut se tourner vers lui comme un fils. Il nous permet d'entrer dans une relation filiale. Grâce à lui, nous devenons des enfants de Dieu. Dieu est le Père de chacun et le Père de

---

[47] Mt 6, 24-34
[48] Mt 6, 6
[49] Mt 6, 8
[50] Mt 11, 27
[51] Luc 11, 1-4

tous et nous sommes fils par son Fils : « *En Jésus, nous avons libre accès auprès du Père* »[52].

Il y a plus ! Nous bénéficions d'une nouvelle approche dans la relation grâce au don de l'Esprit qui nous fait crier « Abba », Père ![53] Si nous sommes tous des fils, nous sommes tous frères !

Quelles certitudes nous apportent cette relation filiale comme don de l'Esprit Saint ? D'abord, que nous sommes enfants de Dieu. Depuis le jour de notre baptême, nous partageons la vie divine de Jésus et sa relation filiale avec le Père. C'est dire que nous sommes profondément aimés et accompagnés. L'amour l'emporte sur nos peurs du lendemain, sur celles de ne pas réussir ou de ne pas être à la hauteur. L'Esprit Saint en nous crie notre confiance et nous permet d'espérer contre toute espérance. Cet amour qui prend soin de notre vie nous place dans l'abandon. Plus de peur de l'échec et de

---

[52] Eph 2, 18
[53] Gal 4, 6 et Rm 8, 15

la mort. Comme Jésus sur le Mont des Oliviers et sur la Croix, nous pouvons nous en remettre à la volonté du Père qui nous fait passer par la mort pour aller vers la vie et plonger ainsi dans le Mystère Pascal : ces mouvements incessants de la vie à la mort et de la mort à la vie nous mènent inexorablement vers la Vie car « *Jésus est venu pour que nous ayons la vie, et la vie en abondance* »[54].

Tous frères : la vie de l'Esprit

Que peut nous inspirer cette filiation ? Dieu est le Père de tous les hommes qui deviennent disciples de Jésus. Cette filiation qui prend vit par l'Esprit nous fait vivre de la vie de Dieu et nous rend tous frères ! Le sort d'un autre homme ne peut pas nous être indifférent, surtout quand il est victime de violence, d'humiliation, d'injustice. Le cœur qui bat en nous doit entendre le cœur de l'homme qu'il sait battre aussi. Cette

---

[54] Jn 10, 10

attention à l'autre peut nous permettre la véritable rencontre, celle qui peut rendre plus homme. La vie de l'Esprit qui se manifeste dans l'amour nous expose au regard de l'autre. Et comme le dit le philosophe et écrivain Alexandre Jollien, « *force est de constater que la chose la plus difficile est d'écouter l'autre sans le juger.* »[55] Il ajoute « *Nous vivons en société ; Nous vivons grâce à l'autre, grâce aux rencontres.* »[56] Mais qu'il est difficile de faire abstraction de soi pour rencontrer l'autre tel qu'il est ! Nous cédons très souvent à la tentation de projeter sur lui ce que nous sommes. Nous souhaitons parfois le ramener à ce que nous voulons qu'il soit. Il ne peut alors pas être lui-même ! Et c'est si compréhensible ! L'autre nous renvoie à la différence et à ce qui, par définition, est inconnu et hors de la sphère de notre maîtrise. La relation est un risque !

---

[55] Alexandre Jollien, *Petit traité de l'abandon, Pensées pour accueillir la vie telle qu'elle se propose*, Editions du Seuil, 2012, p. 23
[56] Idem p. 97-98

Ce qui détermine la réussite de la relation est notre capacité à nous dépouiller, sans renoncer à être ce que nous sommes. Cela implique de ne pas vouloir le changer. L'autre est relation potentielle parce que précisément, il est « autre », il n'est pas moi ! Posé sur ce plan-là, il y a interaction et échange enrichissant : « *rencontrer l'autre, c'est mettre à bas nos préjugés (...) c'est aller vers un autre monde. Sortir de soi, de ses repères, de ses carapaces et de ses armures. Sortir des rôles que nous jouons »*.[57] C'est la vie de l'Esprit qui nous conduit vers cette capacité à faire confiance à l'autre et à accueillir sa différence, sans peur, sans menace, sans voir en lui un potentiel ennemi ou adversaire. L'Esprit en nous ouvre la porte à l'extraordinaire ! L'autre est une chance sur notre chemin ! Notre regard « bienveillant », du latin « bene volens », nous donne l'occasion de vouloir d'abord son bien, sans transposer notre propre vision du bien. « *C'est justement grâce à l'interaction de deux êtres uniques que se précisent nos*

---

[57] Idem p. 99

identités, que se découvrent nos dons, que la coopération peut être créative et donner vie. »[58]

Chapitre 2
Une femme courbée sur le chemin[59]

Tout au long de sa vie publique, Jésus n'a de cesse d'aller à la rencontre des hommes et des femmes, mais pas n'importe lesquels. Il s'approche de ceux et celles qui ne sont jamais approchés. Ils sont pauvres, malades, exclus, désespérés. Grâce à eux, Jésus nous dit par ses miracles que la maladie et la mort n'ont pas le dernier mot et que le Salut est là. Vingt-sept récits de miracles différents sont répartis dans les quatre évangiles, la plupart étant des guérisons.

---

[58] Gilles Le Cardinal, *Vivre la paternité, Construire la confiance*, Desclée de Brouwer, 2005, p. 47
[59] Lc 13, 10-13

Ce que voit Jésus

Ici, il s'agit du jour du Sabbat, le jour consacré à l'écoute de la Torah dans la synagogue. On invite l'hôte de passage à lire, puis à commenter la Torah, c'est la raison pour laquelle « Jésus enseignait ». « *Il y avait là une femme possédée, ce qui la rendait infirme depuis 18 ans ; elle était courbée et ne pouvait se redresser complètement* »[60]. Dix-huit ans… Cette femme ne se souvient pas avoir été en bonne santé. Le dos courbé manifeste le peu de valeur qu'elle s'accorde. Elle ne peut pas affronter la vie. Elle ne peut pas soutenir sa dignité. Elle a été accablée par la charge des difficultés. Mais elle est là, exposée au regard des autres, qui ne le remarquent pas. Jésus, lui, voit ce que personne ne voit, ou ne veut voir, et « *en la voyant, il lui adressa la parole* »[61]. Que voit Jésus ? Un corps plié en deux, malgré lui. Et il voit encore plus loin : une courbure qui entraine d'autres handicaps. Qu'est-ce que cette femme ne peut plus voir depuis dix-huit

---

[60] Lc 13, 11
[61] Lc 13, 12

ans, même si elle a une bonne vue ? Son champ visuel est rétréci à cause de la maladie de son dos. Elle est privée de voir autour d'elle et empêchée de voir ce que tout le monde voit. Il n'y a que Jésus qui voit cela : sa souffrance physique, morale et psychologique. Il sait qu'elle est isolée de tout.

Imaginons un instant les sentiments de cette femme qui se sent regardée, considérée, par quelqu'un qui a autorité dans la synagogue. Elle doit bien se demander pour quelle raison mériter tant d'attention. Et c'est cela qui peut nous interpeller. Que regardons-nous quand nous regardons notre humanité ? Regardons-nous ceux et celles qui attirent l'attention ou qui méritent de l'attention ? Nous sommes souvent plus enclins à regarder le plus riche, le plus fort et le plus beau. Nous regardons aussi l'homme ou la femme qui peut nous apporter quelque chose, car cela vaut la peine. Regard intéressé ou désintéressé ? Le regard désintéressé regarde notre humanité là où elle est, avec ses propres limites. Il établit la véritable rencontre et permet à l'autre de se relever, de se déplier, de donner toute sa dimension et d'offrir ce qu'il a de meilleur. Sommes-nous capables, à l'exemple de Jésus, d'offrir ce regard plein d'attention pour relever notre semblable ? Il est un regard qui respecte, qui considère et, par ce fait même, qui relève. Être en capacité de l'offrir revient à offrir le meilleur de soi-même, et contribuer à l'œuvre salvifique de Jésus.

Ce que dit Jésus

Jésus enseignait, Il parlait à tous dans la synagogue. Mais il faut imaginer le moment où Jésus s'arrête et suivre son regard, et celui des gens assis qui l'écoutent. Tous les regards, grâce à Jésus, se concentrent sur une seule personne. Tous regardent cette femme qui ne voit pas ! Mais elle va écouter... Son corps tordu et sa foi entendent : « *Femme, te voilà libérée de ton infirmité* »[62]. Cette femme « écoute », comme

---

[62] Lc 13, 12

Israël « écoute », comme tous ceux qui ont écouté les préceptes de YHWH et qui ont choisi de mettre leur confiance en Lui. Les miracles de Jésus ne sont pas faits pour impressionner. Ils n'ont pas pour but de provoquer la foi. Ils vont de pair avec elle, là où elle existe. Cette femme ne voyait pas mais elle entendait tout, de cette écoute qui adhère et qui obéit fidèlement. C'est même le désir d'écouter la Torah qui lui donne l'audace de se rendre à la synagogue. Jésus lui impose également les mains[63], la touche pour qu'elle prenne contact avec la force et la dignité qui sont en elle.

Cette femme est donc prête à « entendre » la parole de Jésus qui réalise ce qu'elle dit, qui guérit. Dans une foule, serions-nous capables de cette même attention envers « la personne » et son besoin spécifique ? Serions-nous à même d'analyser aussi vite que Jésus son mal, à la fois physique et psychologique ? Serions-nous capables d'une parole qui relève et qui

---

[63] Lc 13, 13

guérit à l'exemple de Jésus ? D'une parole libératrice envers une personne qui a besoin de sortir d'elle-même ? Combien de fois avons-nous rencontré des personnes recroquevillées, courbées, leur champ visuel sur la réalité réduit à cause d'un mal très souvent psychologique ? Ne pourrions-nous pas être de ces personnes croisées sur nos chemins d'humanité pour aider à être pleinement humain ? « *La gloire de Dieu, c'est l'homme vivant* et *la vie de l'homme c'est la vision de Dieu !* »[64]. Non seulement, la personne guérie, comme cette femme de l'Evangile de Luc, peut glorifier Dieu, mais nous pourrions nous aussi le glorifier, de ce que par nous, Dieu a pu poser un regard, relever et guérir.

Vers un nouveau Sabbat

Jésus choisit le jour du Sabbat pour guérir cette femme courbée. Les Evangiles situent des guérisons de Jésus très souvent

---

[64] Saint Irénée, *Contre les hérésies*, IV, 20, 7

ce jour-là. Pourquoi ? Est-ce une intention délibérée de Jésus ? Tout prête à croire que oui. L'enjeu est de taille car il s'agit de déplacer les mentalités. Le respect du jour du Sabbat est en effet capital pour être conforme aux préceptes de la Torah. Il permet de faire une pause dans le tourbillon des activités professionnelles et familiales pour revenir à Dieu et le placer délibérément au centre de sa vie. C'est le jour où l'homme ne crée plus, où il se situe à l'écoute de la Parole pour s'en nourrir afin de repartir, vivifié, dans sa propre vie. Jésus prolonge ce que seuls les prêtres pouvaient faire le jour du Sabbat, en le faisant lui-même. Ils pouvaient agir de la sorte, non pour revendiquer un statut, mais pour transmettre une vérité fondamentale. L'enjeu du Sabbat n'est pas qu'une question de morale pour expliquer l'importance de la non-transgression et juger celui ou celle qui est conforme ou non à ce précepte. Il est ailleurs : la question de l'homme l'emporte sur le légalisme du Sabbat. Quand l'humain est en souffrance, la loi est légitimement transgressée. C'est alors que Jésus va bien plus loin que la morale. Il se trouve dans un Temple qui est un lieu Saint et qui a pour vocation de mener les hommes vers la sainteté. Et si la Sainteté n'était pas que l'obéissance aux préceptes, à la loi, mais aussi et surtout le regard bienveillant posé sur notre humanité ? Il faut entendre la question que YHWH a posé à Caïn « Qu'as-tu fais de ton frère ? » pour comprendre le vrai déplacement que Jésus veut opérer en nous quand il transgresse apparemment le jour du Sabbat. Le Sabbat peut être une nouvelle occasion : favoriser la rencontre de l'homme avec Dieu, et favoriser la rencontre de l'homme avec l'homme. En réalité, Jésus nous propose d'accomplir le Sabbat puisqu'Il nous propose d'accomplir la Torah : « *Tu aimeras ton prochain comme toi-même* ». Jésus nous dit aussi qu'Il incarne la Torah lorsqu'Il nous recommande « *de nous aimer les uns les autres comme lui-même nous a aimés* »[65].

---

[65] Jn 15, 12

Chapitre 3

Un homme paralytique à la piscine de Bethesda[66]

Jésus voit « un » homme

Jésus a rencontré des femmes. Ici, le centre de l'attention est un homme. Il arrive dans un lieu où se trouve beaucoup de monde. C'est l'endroit où se rendent les personnes qui en ont le plus besoin, cette piscine étant leur dernière chance de guérir, une fois entrées dans les eaux que l'on appellerait aujourd'hui thermales. Elles ont un désir de vivre, mais en sont empêchées. Jésus est au cœur de notre humanité blessée. Il faut, encore une fois, l'imaginer en train d'observer la situation : ces corps abîmés, déformés, les yeux qui appellent. Au milieu de tant de détresse, il en voit une : une dépendance extrême. Pourquoi cet homme paralysé plutôt qu'un autre ? Il n'a pas de nom : tout homme est infirme, couché, blessé

---

[66] Jn 5, 1-16

en possession d'un grabat, depuis trente-huit ans. Trente-huit ans de paralysie du peuple juif durant l'exode au désert : « De Cadés-Barné au passage du torrent de Zéred notre errance avait duré trente-huit ans »[67].
Que peut ressentir un homme paralysé : amertume ? souffrance ? fatalisme ? Injustice ?

« Jésus le vit couché »[68]. Par son regard, Jésus s'ouvre à cet homme. Le regard ouvre déjà à la reconnaissance. Jésus ne voit pas qu'un malade, il voit un « homme », avec ses émotions, ses envies de guérison, ses espoirs de vivre, ses déceptions aussi, car tout le monde passe avant lui. C'est impressionnant comme un regard peut déjà relever ! Sommes-nous capables d'offrir ce regard-là ? Ce même regard qui considère la personne, qui voit au-delà des apparences, qui voit la vie enfouie, prête à être libérée ? Ce regard qui réveille le désir de vivre ? Ce regard qui cherche à comprendre la réalité de

---

[67] Dt 2, 14
[68] Jn 5, 6

l'autre ? Ce regard qui « voit » la capacité de guérison et de vie ?

« Veux-tu guérir ? »[69]

La question est surprenante ! Comme s'il n'était pas évident que cet homme veuille guérir ! Il est au bon endroit, même s'il n'y croit plus trop. La question n'est cependant pas anodine. Jésus n'a pas besoin de demander, Il le sait, cet homme veut guérir. Mais cet homme le sait-t-il lui-même ? Connait-il son désir véritable ? Veut-il vraiment quitter ce grabat sur lequel il est depuis si longtemps installé, et qui est l'unique chose qu'il possède ? Cette question devient cruciale dans la bouche de Jésus, car elle renvoie au propre désir, à sa propre capacité à vivre, à ce qui est profondément enfoui et qui par cette question doit lentement émerger. La question est un appel à vivre. Il sait combien de nous-mêmes, nous n'y arrivons pas toujours. Sa voix peut

---

[69] Idem

restituer ce désir de vivre enfoui au plus profond. Sommes-nous prêts à livrer une parole de vie à celui qui en a besoin, comme Jésus le fait ?

La réponse du malade montre la propre difficulté en accusant les autres : ils y arrivent avant lui, ce n'est pas juste, c'est impossible. Entendons à travers la réponse de cet homme toute la détresse de l'humanité abandonnée, livrée à elle-même. Alors que les faits extérieurs empêchent d'entrevoir la vie, Jésus renvoie au plus profond du cœur, là où se trouve le vrai désir et la force de le réaliser. Son regard et sa parole renvoient à ses propres possibilités : « *Veux-tu être rendu capable de guérir, par ta force de vie* ? » Implicitement, la question est pour cet homme celle-ci : qu'est-ce qui te maintient prostré ? Quel est ton grabat ? Qu'est-ce qui te pèse et t'empêche d'avancer ? Qu'est-ce qui te paralyse à ce point de ne pas entrevoir de solution pour ta vie ? Sur quoi restes-tu bloqué ? Qu'elles sont les peurs qui te paralysent ? Dans quelle passivité t'es-tu installé ? Ne sentons-nous pas le pouvoir libérateur de ces questions, contenu dans cette parole de Jésus « *Veux-tu guérir* » ? Et si par Lui, grâce à Lui, nous étions rendus capables de cette qualité de regard et de parole vis-à-vis de l'humanité blessée et paralysée que vous rencontrons ? Sommes-nous prêts à cette qualité de rencontre sur nos chemins d'humanité ? Nous ne voulons pas être des imposteurs en psychologie. Nous savons qu'il existe des professionnels plus compétents. Mais nous sommes des hommes et des femmes de foi, qui croyons en la force de la vie en chacun de nous. A l'exemple de Jésus, nos rencontres peuvent se transformer en échanges de vie parce qu'en échange de plus d'humanité. Être homme au milieu des hommes pour « donner la vie et la donner en abondance »[70], comme la donne Jésus, par son regard, par sa parole, par sa vie.

---

[70] Jn 10, 10

Un homme debout !

La fin de l'histoire dit la vie... et la vie en abondance ! L'homme se redresse, il s'éprouve sain et libre. Il se met à marcher. Il était couché, le dos sur le grabat, le grabat est maintenant sur son dos. Quel retournement de situation ! Ce brancard moral peut retarder le moment à la fois désiré et redouté : devenir droit, libre, faire quelques pas, en allant de l'avant. Chez certains, la foi est grabataire... Mais l'appel de Jésus est clair : se lever, comme lui s'est levé d'entre les morts. Le laisser rejoindre notre humanité, au lieu de ses incapacités, de ses blessures, de ses peurs. Ce lieu devient le lieu de Sa grâce. Comment être nous-mêmes, les témoins de cette foi qui déplace les montagnes et qui rend possible l'impossible ? Comment devenir cet homme qui rejoint cet autre homme pour le relever et le mener vers sa propre vie ? Notre regard, notre parole peuvent dire que la vie est plus forte que nos morts. Ils peuvent suggérer que toute histoire mérite d'être vécue, qu'elle soit passée, présente et future. Ils peuvent témoigner, à la suite de Jésus, que l'appel à « marcher » est fondamental. Le poids alourdit, le grabat encombre, mais il s'agit d'apprendre à marcher « avec » et avec Lui. La véritable guérison est la capacité à vivre dans l'acceptation de ce que nous sommes. A Bethesda, «*la maison de la miséricorde*», le lieu de la grâce par excellence, tout homme couché et blessé peut rencontrer le regard et la parole de la miséricorde et de la guérison.

Chapitre 4

Les différents regards[71]

Le regard des brigands

Au cours de ses déplacements sur les chemins d'humanité, Jésus rencontre un légiste. A sa question : « que dois-je faire pour avoir la vie éternelle » ? Jésus lui rappelle les premiers commandements de la Torah que le légiste connaît déjà bien :

---

[71] Lc 10, 29-37

« *Aimer le Seigneur de tout son cœur, de toute son âme, de toute sa force, de toute sa pensée et aimer son prochain comme soi-même* ». « *Fais cela et tu auras la vie éternelle* ». « *Fais cela* » ... faire quoi ? Et à qui ? D'où la deuxième question du légiste : « *Qui est mon* prochain ? »

Jésus prend le temps de raconter une parabole, plus communément connue comme la parabole « du Bon Samaritain », tant la question est importante. C'est la manière qu'à Jésus d'expliquer, de révéler un sens différent. Il n'enferme pas dans une réponse. Il respecte le chemin que doit faire le légiste. Pour chacun, il est unique et personnel. Jésus donne du temps et du prix à ce chemin, à cette compréhension lente et progressive. La parabole permet de bouger lentement à l'intérieur de soi et de se laisser enseigner, transformer.

Il commence ainsi : « *Un homme descendait de Jérusalem à Jéricho, il tomba sur des bandits qui l'ayant dépouillé et roué de coups, s'en allèrent, le laissant à moitié mort* »[72]. Le regard des brigands sur le prochain est cruel. Un regard d'hommes sur un autre homme, rencontré sur le chemin. Un regard qui dépouille. Un regard qui empêche de vivre. Le regard de ceux qui accumulent des richesses par le vol et la rapine et qui construisent leur fortune sur l'injustice, la déloyauté, la menace et la violence. Et un homme s'effondre, privé de vie, dépouillé dans sa chair, dans son cœur, dans son esprit, dépouillé de sa foi, de sa dignité humaine, de sa loyauté, de sa pureté et de son espérance. Dépossédé de son humanité. Ce regard qui laisse l'homme à terre est malheureusement celui de tous ceux et celles qui maltraitent un autre homme. Il existe tant de violences aujourd'hui, qu'elles soient physiques ou verbales, et qui laissent l'homme moderne privé de sa dignité humaine et de sa dignité de fils de Dieu. Nous nous habituons à cette violence, à ce regard qui ne considère pas l'homme à sa juste valeur, à toutes sortes d'exploitations qui portent atteinte à sa dignité. Devons-nous en

---

[72] Lc 10, 30

rester là ? Ce regard d'homme ne voit pas en l'autre un homme...

Le regard du prêtre et du lévite

« *Il se trouva qu'un prêtre descendait par ce chemin ... un lévite de même arriva en ce lieu* ». Les deux virent l'homme à terre et « *passèrent outre* » selon la Bible de Jérusalem, « *passèrent à bonne distance* », selon la traduction de la TOB. Le résultat est le même : deux hommes religieux, proches du temple, connaissant la loi et les préceptes, décident de ne pas voir et de s'éloigner. Choix délibéré. Regard d'hommes indifférents, ou incapables de voir l'autre dans sa misère du corps, de l'intelligence, du cœur et de l'âme. Regard indifférent à la pauvreté humaine. Regard de peur. L'homme au bord du chemin est perçu comme une menace. Le réflexe est de s'en protéger. Regard paresseux aussi, blasé. Nous regardons sans voir parce que nous avons trop vu. Combien de fois avons-nous été complices de ce regard qui ne veut pas voir, indifférent à la misère et aux conditions qui bafouent l'homme et la femme dans sa dignité ? Il ne nous manque pas de raisons : parce que nous n'avons pas le temps, nous prendrions des risques, nous subirions peut-être le même sort. Dans le fond, nous sommes impuissants, nous ne pouvons rien faire. Si l'on commençait, on ne sait pas où cela nous conduirait. La société, nos gouvernements n'ont qu'à pourvoir ... Nos yeux intérieurs restent fermés à cause de nos préjugés, mais l'autre échappe à nos critères propres. Ces regards-là laissent une deuxième fois au bord du chemin, l'homme dépouillé de vie. Qui est mon prochain ? demandait le légiste... Il est là, sur le chemin, celui que nous croisons et que nous ne voulons pas voir. Le prochain, c'est celui qui est proche et de qui, par indifférence ou par peur, nous nous éloignons. C'est celui que je n'attendais pas, mais qui est là, dans le besoin. C'est celui ou celle qui fait la manche dans le métro ou sur le trottoir, cet homme ou cette femme, dépouillé(e) de biens matériels, et surtout, de regards qui disent la dignité, le respect, la force de la vie et de l'amour.

Le regard du Samaritain

Le Samaritain est inattendu sur ce chemin ! La chance, peut-être, d'un regard différent... « *Il le vit et fut pris de pitié. Il s'approcha, banda ses plaies en y versant de l'huile et du vin, le chargea sur sa propre monture, le conduisit à une auberge et prit soin de lui* »[73]. Un regard qui « voit », qui s'approche. Jusque-là, ce regard est diamétralement opposé à celui du prêtre et du lévite. C'est un regard qui est pris de pitié, qui reconnaît l'homme dans sa détresse et dans sa dignité aussi. C'est le regard du coeur qui ne peut supporter la misère et qui s'ouvre à elle, acceptant le partage, le risque. C'est un regard qui va encore plus loin : il engage et pousse à l'action. Il ne laisse pas là, sur le sol. Il prend avec soi et il prend soin. Cet homme-là est celui dont parle Bernard

---
[73] Lc 10, 33-34

Pitaud, prêtre de Saint Sulpice : « *il est devenu profondément disponible. Il ne cherche plus à saisir, il écoute. Il ne veut plus posséder, il admire ; il ne souhaite plus dominer, il laisse l'autre advenir à lui-même et il est capable de s'ajuster à lui. Agir ne lui pèse pas, car il a remis les résultats de son action entre les mains de Dieu. Il n'a plus besoin d'être reconnu, il est sûr de celui qui le guide ; c'est lui qui est reconnaissant et qui vit dans l'action de grâces. Il a cessé d'être inquiet pour devenir paisible. Il ne juge plus, il est plein de compassion* »[74].

Il est réconfortant de voir que l'homme est capable d'engagement et de solution vis-à-vis d'un autre homme. Le Samaritain ne se contente pas de réconforter dans l'instant, ce qui est déjà un grand pas d'humanité, mais il se veut garant et responsable de tout le processus de guérison. Remettre l'homme debout, comme ont su le faire Saint Jean Bosco, Mère Thérèse de Calcutta, Sœur Emmanuelle... tant d'hommes et de femmes,

---

[74] Bernard Pitaud, *Maîtrise de soi et abandon spirituel*, La croix, 4 juillet 2003, p. 22

connus et inconnus, qui sont capables de gestes de vie. « *A travers la fragilité foncière de l'humanité, à travers ma liberté déconcertante dont elle fait preuve, la lumière de Dieu peut briller. Paisiblement. Il y a là un grand mystère, celui de la beauté humaine. Si le regard sait se poser au bon moment, et sans volonté de dominer, en tout humain rencontré peut transparaître le soleil de Dieu* »[75].

Quel est notre regard ?

« *Lequel de ces trois, à ton avis, s'est montré le prochain de l'homme qui était tombé sur les bandits ?* »[76] Le légiste a donné sa réponse : « *Celui qui a fait preuve de bonté envers lui* ». Quelle est la nôtre ? Quelle est la réponse qui va nous mener plus loin ? Faire de nous des hommes et des femmes plus humains ? Qu'elle est cette réponse qui nous incitera à prendre soin de l'autre et à devenir

---

[75] Marie-Claire Berthelin, *Guetteurs d'humanité, guetteurs de Dieu*, Vie Chrétienne, Hors-série n° 532, 2007, p.3
[76] Lc 10, 36

des frères en humanité ? « *Notre frère est notre propre vie* » écrivait Silouane[77].

« *Fais cela et tu vivras … va et toi aussi, fais de même* ». Le regard que nous sommes appelés à porter est un regard qui agit. Le Samaritain a fait, il s'est engagé. Il a pris soin de l'homme humilié, blessé. Mais cet agir seul est incomplet. Il va de pair avec le fait de se montrer le prochain de l'homme tombé aux mains des brigands. Si bien que le faire consiste à voir celui qui est mon prochain, celui que la vie met sur notre route au travail, en famille. Celui de qui nous sommes proches par la vie et celui de qui nous nous rendons proches. Le faire porte sur la qualité du regard, de l'attention. Et si c'était cela « avoir l'audace d'aller plus loin » ? Aller plus loin vers l'autre, avec lui et s'engager auprès de lui.

« *Fais de même et tu vivras !* ». Cela n'a rien à voir avec une simple reproduction d'un comportement ou une imitation. Il s'agit de

---

[77] Silouane, *Ecrits spirituels,* Bellefontaine, 1976, « Spiritualité orientale » n°5

rejoindre l'autre avec cette même qualité de regard, d'attention, de don de soi, de dépossession. Risquer la sortie de soi. L'amour inspire des actes qui ne sont jamais commandés, qui nous élèvent, qui nous révèlent à nous-mêmes. Ils nous font grandir et être pleinement ce que nous sommes. C'est cela la promesse de vie, l'héritage de la vie éternelle. Donner quelque chose, non pas à soi, mais de soi. Il faut être vide de soi-même pour cela, ne pas se complaire dans le regard qui nous enferme sur nous-mêmes. Le risque de l'aventure, de la vie est là. Il n'est pas forcément dans les grandes choses à réaliser pour changer le monde. La foi en l'action « intérieure », celle qui part de ce « regard d'attention » peut véritablement changer notre monde. Et la loi dans tout cela ? Entendre la loi de l'amour, « *Tu aimeras* », l'essentiel n'est pas de courir après la personne que nous devons aimer pour nous acquitter exactement, sans rien de plus, de notre devoir d'aimer. L'essentiel est de devenir le prochain qui aime, qui ne demande qu'à aimer, comme Jésus l'a fait.

Et si, dans les événements de la vie qui nous interpellent, nous inventions par nos choix, des solutions à l'humanisation de notre monde, celles qui iront dans le sens du partage, de la générosité, de la solidarité, de l'attention à la vie qui est un don de Dieu ? Et si nous nous laissions enseigner par Jésus ? « *Jamais il n'a cessé d'être solidaire, d'être frère. Il ne dominait pas. Se plaçant humblement au niveau de celui ou celle qu'il abordait, il se faisait guetteur, en l'humanité ordinaire de chacun, de la source divine incroyablement belle de cette humanité* »[78].

---

[78] Marie-Claire Berthelin, *Guetteurs d'humanité, guetteurs de Dieu*, Vie Chrétienne, Hors-série n° 532, 2007, p.9

PARTIE III

Prolongements bibliques
La dynamique de la relation

Chapitre 1

Grandes peurs et incroyables audaces avec Jésus

Quelques figures « en humanité » ont côtoyé Jésus et ont inspiré le comportement des premiers chrétiens dans l'Eglise naissante. En beaucoup de points, elles nous donnent l'occasion de nous identifier à elles. Pourquoi ? Sans doute parce qu'elles ont expérimenté ce que nous expérimentons nous-mêmes encore aujourd'hui. Les hommes sont des hommes, en tout temps, en tous lieux. Ils ont toujours dû apprendre à tracer leur propre chemin d'humanité, en humanité. Jésus n'a pas seulement enseigné par son comportement vis-à-vis d'autrui à devenir « un homme ». Il l'a également fait en rencontrant Pierre, son disciple. A travers cette relation, nous pouvons tous nous reconnaître en lui, et être appelés comme lui à marcher sur notre propre chemin d'humanité.

La rencontre qui bouscule

Le chemin de foi de Simon-Pierre s'inscrit à l'intérieur d'une relation : celle avec Jésus. C'est Jésus lui-même qui en a l'initiative. Son appel, raconté dans l'Evangile de Luc[79], nous en décrit le commencement.

Un jour, près du lac de Génésareth, Jésus enseigne. Puis il va vers une catégorie de personnes : des pêcheurs. Dans l'évocation de ce groupe de personnes, c'est le travail qui est mis en avant : ce qui constitue leur vie quotidienne, leur labeur, leur gagne-pain. Jésus les rejoint dans ce contexte si simple, si vrai de leur vie. Simon est là. Et Jésus le voit, comme il sait voir. Tout se joue dans la rencontre. Au bord du lac de

---

[79] Lc 5, 1-11

Genesareth (mentionné deux fois au verset 1 et 2), le lieu le plus sûr, qui donne une certaine stabilité, Jésus prie Simon de s'éloigner « *un peu* » de la terre, de déplacer « *un peu* » la barque de la rive. Il avance dans la vie de Simon, il s'approche. Un changement de programme dans sa journée. Jésus dérange l'ordre établi, l'équilibre apparent de la vie de pêcheur. Qu'est-ce qui peut opérer un déplacement de cette efficacité dans la programmation de notre journée ! L'imprévu nous bouscule, et très souvent nous dérange, nous, « rangés » dans notre propre organisation, dans une vie bien ordonnée… Très souvent, « nous n'avons pas le temps » ! Cette percée dans la vie de Simon va le faire bouger, extérieurement, mais surtout intérieurement. Jésus ose déranger un homme dont la vie est très rythmée par les horaires et les contraintes climatiques. C'est ainsi qu'il commence à entrer dans sa vie… Il lui propose un « déplacement », non seulement de sa barque, mais de sa vie et de sa manière de la comprendre jusqu'alors. Il introduit aussi quelque chose de nouveau dans la manière de concevoir le travail. C'est un appel à bouger dans ses certitudes et à sortir de sa routine.

« *Prends le large et place les filets pour la pêche ... Sur ta parole, je jetterai les filets* »[80]. Nous connaissons bien ces paroles, mais que disent-elles vraiment ? Jésus invite Simon à se fier à sa parole à travers une pêche improbable. Ce dernier répond par la confiance. C'est assez insolite, car c'est lui le professionnel de la pêche : il sait qu'il vaut mieux pêcher de nuit. Le jour, les chances de réussite s'amoindrissent. Et surtout, Jésus demande de refaire ce qui a déjà été fait. Pourquoi penser à une pêche plus fructueuse la deuxième fois ? Nous le savons, le résultat de la pêche va au-delà de toutes les espérances. Au cœur de ce coup de filet, Simon comprend qu'au-delà de cette pêche extraordinaire, c'est l'évidence d'une personne « extraordinaire » en face de lui : « *Seigneur, éloigne-toi de moi parce que je suis un pécheur* »[81]. Il a accepté de

---
[80] Lc 14, 5
[81] Lc 14, 8

« prendre le large », d'avancer en eaux profondes pour connaître le prix de ce qu'il est et l'appel qui lui est destiné. Cet éloignement bénéfique du rivage le place en toute sincérité devant Jésus. Au cœur de la vérité de sa vie, faite d'échecs et de réussites, il y a la vérité de son être. C'est de là que Jésus veut partir avec Simon, de sa peur et de ses doutes. « *Ne crains pas, désormais tu seras pêcheur d'homme* »[82]. Appel à une confiance qui permet toutes les audaces, tous les possibles, qui voit loin. Une confiance non pas en lui-même, ni en ses propres capacités, ni en ses propres ressources, mais en Jésus, en Sa parole, qui se réalise dans sa vie bien au-delà que ce qu'il aurait pu imaginer.

Et si nous acceptions de voir notre présent dans le présent de Simon ? Un « cadeau » et « un instant ». Vivre l'instant présent comme un cadeau, comme le lieu où tout se joue. Il faut le recevoir comme tel et percevoir l'appel qu'il contient : nous déplacer « un peu », bouger notre barque

---

[82] Lc 14, 10

pour y accueillir Jésus dans notre ordinaire, recommencer ce qui a déjà échoué dans notre vie, avec Lui. L'entendre nous dire « *avance au large* ! », en eau profonde. Le grec permet ces deux traductions qui se complètent et donnent une plénitude de sens. Avancer au plus profond de nous-mêmes, y recueillir notre propre vérité et ce qui fait le sens de notre propre vie. Rejoindre la source de vie (l'eau de notre Baptême), de l'énergie, de l'audace, du courage. Avancer loin de la sécurité, de nos propres calculs, de nos petits équilibres. Quitter ce que nous connaissons déjà. Prendre un risque dans la relation avec Jésus.

La réalité de Simon désormais, c'est sa relation avec Jésus. Une nouvelle identité pour un nouveau projet de vie. Il n'est pas dit qu'il est choisi parce qu'il est le meilleur pêcheur… Il est qui il est. Nous n'avons pas besoin d'acquérir des habilités particulières, ni d'être parfait, pour répondre à l'appel et vivre avec Jésus. Il faut juste être soi-même ! Nous sommes si loin de certaines mentalités qui entreprennent de gravir l'échelle de la sainteté par des actes spécifiques, si éloignés de ce qu'ils sont vraiment. Comme s'il fallait « plaire à Jésus » ! La seule chose qui est demandée au disciple : être là et de se mettre en mouvement, avec lui.

A la rencontre de sa nouvelle identité

Le lien établi par la rencontre et le dialogue avec Jésus doit s'affermir. « *Pour vous, qui suis-je* »[83] ? demande Jésus. Pierre ose prendre la parole, au nom de tous les autres : « *Tu es le Christ, le Fils du Dieu Vivant* », autrement dit, l'envoyé messianique attendu par le peuple d'Israël. Il est l'envoyé de Dieu dans l'histoire des hommes pour y apporter le Salut, la plénitude de la vie, la transformation de l'existence humaine.

A cette révélation extraordinaire fait suite une nouvelle étape dans la vie de Simon, la promesse d'un nouveau nom. « *Et moi, je te le déclare : Tu es Pierre, et sur cette pierre*

---

[83] Mt 16, 13-20

je bâtirai mon Eglise »[84] Le nom exprime pour un juif la réalité la plus fondamentale de son être, de sa personnalité profonde, la dynamique d'une identité.

« *Tu es le Christ, le Fils du Dieu Vivant* » ... « Tu es Pierre »... Jésus reçoit son identité du Père, Pierre reçoit son identité du Fils. Identité qui pour l'un et l'autre n'est pas figée ni statique. Pour les deux, elle met en mouvement : une identité qui au fond cache tout un programme de vie selon le dessein de Dieu. Le regard de Jésus va plus loin que la personne de Pierre. Il entrevoit sa mission future. Il devra « *confirmer les frères* », c'est-à-dire les rendre fermes dans leur fidélité à Jésus. Il pourra le faire une fois « revenu », « retourné »[85]. Pierre présume parfois de ses forces, mais Jésus connaît bien son cœur et voit avec clarté le futur. Il n'est pas appelé « Pierre », garantie de stabilité et de fidélité, à cause de ses qualités, mais bien parce que Simon met à nue la pierre qu'il y a à chaque retombée, c'est-à-dire la fidélité du

---

[84] Mt 16, 18
[85] Lc 22, 32

Seigneur. Il en sera témoin parmi les frères pour toujours.

La relation renouvelée

Le moment de la Croix est le point d'orgue d'une nouvelle relation. Jésus demande aux disciples de rester avec lui. Aux moments importants de notre vie, nous aimons avoir nos proches au plus proche de nous. Jésus est trahi par Juda et arrêté par les soldats. Le monde lui est hostile ; c'est la nuit, les ténèbres dans le cœur des hommes[86]. Les disciples se sont endormis : ils n'ont pas eu la force de veiller. Pierre est là. Mais sera-t-il avec Jésus à l'heure de l'épreuve ? Après avoir arrêté Jésus, les soldats l'emmènent et le font entrer dans la maison du Grand-Prêtre. Pierre suit « *de loin* » : il commence à introduire une distance. C'est de nuit, il fait froid. Il y a comme une fusion entre le milieu ambiant et ce que Pierre ressent à l'intérieur de lui-

---

[86] Lc 22, 47-52

même. Ses propres ténèbres l'envahissent. Alors que le procès de Jésus se passe dans la salle du Sanhédrin, le sien se joue en bas, dans la cour de la vie quotidienne « *une jeune servante le fixant* ». Pierre se sent scruté par les yeux du jugement et de la condamnation. Le regard a le pouvoir de vie ou de mort. Quelqu'un est comme il est vu, vivifié ou tué par le regard des autres. « *Celui-ci était avec lui* » ! Être avec lui, l'essence même du disciple, de ce qui le définit. Est-il encore avec Lui ?

Au moment où il est interrogé, la réponse tombe : « *femme, je ne le connais pas !* »[87] En vérité, Pierre ne connait pas ce Jésus. Il en connait un autre : le Jésus puissant qui fait des miracles. Il ne sait pas encore ce qu'est « être avec » ce Jésus, impuissant et conduit à la Croix. Et si Pierre ne connaît pas Jésus, il ne se connaît pas lui-même non plus : « *non je ne suis pas d'eux* ».[88] Sa réponse révèle dramatiquement toute son incapacité à s'auto-définir : « *je ne*

---

[87] Lc 22, 56
[88] Lc 22, 58

Je suis pas... je ne sais plus qui je suis ». Ces paroles assument tout leur poids devant celles de Jésus qui dira « *Je suis* ».[89] Pierre n'est plus avec celui qui est. La situation l'a conduit à un point qu'il n'aurait jamais imaginé : la limite où l'homme ne reconnaît plus son Dieu.

A l'instant de son reniement le plus complet, le coq chante, comme une annonce de la fin de la nuit et du début d'un nouveau jour. Au moment où il touche l'abîme du mal, l'homme est prêt pour le salut. « *Et se retournant, le Seigneur regarde Pierre* »[90]. Il faut s'arrêter sur ce regard qui regarde... Ce n'est pas Pierre qui se tourne vers Jésus. C'est Jésus qui se tourne vers Pierre. Quand, détruit par son incohérence et son reniement, il se sent regardé avec attention et affection par son Maître, il éclate en sanglots, il prend conscience de sa vérité : il est aimé dans toute sa fragilité et sa petitesse. Il est regardé au-dedans : moment où se croise la faiblesse de l'homme et la puissance d'amour de Dieu.

---

[89] Lc 22, 70
[90] Lc 22, 61

Seulement devant un tel regard Pierre peut devenir libre, responsable d'accepter son amour gratuit et sans condition. Jésus le sait prêt pour les étapes suivantes.

Que nous apprennent Jésus et Pierre ? Ils nous apprennent que la relation n'est pas linéaire. Elle ne part pas d'un point pour arriver à un autre. Elle bouge sous la mouvance des événements. La relation interpersonnelle n'est ni figée ni stable comme parfois espéré pour nous rassurer. Pierre nous donne l'occasion de comprendre que la relation entretenue est un chemin qui s'apparente parfois à la remise en question, voire au renouveau, à ce que le grec biblique dit en employant le mot « μετάνοια[91] ». La relation mène au changement total de pensée et d'action. Une transformation qui n'est pas simplement revenir dans le droit chemin, comme le suggère le mot « ἐπιστρέφω[92] »,

---

[91] Cf. Mt 3, 2 ; 4, 17 ; 11, 20 ; 11, 21 ; 12, 41
Mc 1, 15 ; 6, 12
Lc 10, 13 ; 11, 32 ; 13,3 ; 15, 7 ; 15, 10 ; 16,30 ; 17, 3 ; 17,4
[92] Mt 13, 15
Mc 4, 12
Lc 22, 32

ou une simple repentance. Il est parfois question, de notre point de vue, de vouloir réparer quelque chose de cassé : une incompréhension, une trahison, un manque de confiance, et tout peut basculer vers une fracture. Est-elle irrémédiable ? La vraie relation veut qu'il n'y ait rien de définitif. Il est possible de ne pas la laisser en l'état, mais de la remettre en état. Réparer, revenir à la relation antérieure ne sera jamais la récupération à l'identique. Nous tenons de la tradition rabbinique que la restitution à l'identique étant de toute façon impossible, la réparation doit se faire inventive. La relation est alors nouvelle, plus forte, plus vraie, pleine de promesses. Elle entraîne des modifications de tout l'être. L'homme s'ouvre à une transformation radicale.

Jn 12, 40
Act 3, 19

« M'aimes-tu ? »

Au cours d'un repas communautaire aux bords de la mer de Tibériade[93], après une deuxième pêche miraculeuse, pour être identifié par les disciples, Jésus se tourne une nouvelle fois vers Pierre et s'adresse à lui « *Simon, fils de Jean, m'aimes-tu plus que ceux-ci ?*[94] », plus que les disciples ? De quel amour s'agit-il ? Une prétention de fidélité ou un amour qui engage davantage, jusqu'à la mort ? La réponse de Pierre est affirmative « *Seigneur, oui, tu sais que je t'aime* ». Mais comment aime-t-il Jésus ? Car Jésus pose la question avec le verbe « aimer vraiment – ἀγαπάω », alors que Pierre répond avec un autre verbe « φιλέω -aimer, chérir ». Simon-Pierre professe son affection d'ami, Jésus, lui, parle d'un amour inconditionnel, exclusif, total. Il semble qu'ils ne soient pas sur la même longueur d'onde. Mais comprenons, Pierre peut-il dire qu'il est capable d'aimer du même amour que Jésus après l'avoir renié trois fois ? Il affirme donc son amitié avec

---

[93] Jn 21, 1-14
[94] Jn 21, 15c

Jésus, vraie, sincère et surtout, il s'en remet à la connaissance que Jésus a de lui : « *Tu sais* ». Qui connaît mieux le fond des cœurs que Jésus ? Dieu plus grand que notre cœur ... Cet amour-là est déjà une belle réponse. Jésus lui confie ses agneaux et ses brebis à paître. Il faut avoir présent à l'esprit le chapitre 10 de l'évangile de Saint Jean. Procurer le pâturage est communiquer la vie, et ceci ne peut se faire que si l'on est disposé à tout donner[95]. C'est Jésus même, la vie qu'il faut communiquer. « Agneaux et brebis » dans le troupeau se côtoient, les plus petits avec les grands. Pierre devra se mettre d'abord au service des plus humbles.

Mais Jésus insiste : « Simon, fils de Jean, m'aimes-tu ?[96] Pierre réitère en réponse l'offre d'un amour pauvre et humble avec le verbe φιλέω.

« Une troisième fois » en lien avec son triple reniement, Jésus lui repose la

---

[95] Jn 12, 24
[96] Jn 21, 16a

question[97]. Il va plus loin dans la question en utilisant le verbe aimer φιλέω que Pierre a utilisé. C'est alors que Jésus fait méditer Pierre : « Être ami » signifie renoncer pour toujours à l'idéal messianique. Le chemin de Jésus n'a pas été celui de la grandeur humaine, mais celui de la Croix. L'unique grandeur est celle de l'amour disposé à se donner jusqu'au bout[98]. « *Pierre, m'aimes-tu de cet amour-là ?* » Jésus ne demande pas un leader-né, mais un homme qui par amour ira jusqu'à donner sa vie, comme il l'a fait. Pierre a fait le chemin intérieur « *Tu sais tout, tu sais bien que je t'aime* ».[99]

Voyons ce qu'il est devenu ! Le symbole de la sécurité, de la solidité... de ce qu'il convient de ne jamais lâcher, à quelque prix que ce soit. Il est devenu l'homme qui a en charge la foi de l'Eglise : « *Tu es Pierre et sur cette pierre, je bâtirai mon Eglise* ». C'est sur la foi de Pierre, si fragile, si prudent, si

---

[97] Jn 21, 17a
[98] Jn 19, 21b
[99] Jn 21, 17c

hésitant parfois, que le Christ a misé pour conduire son Eglise.

Chacun doit parcourir son propre chemin et assumer sa propre responsabilité, en exprimant ainsi son amour. « *Jésus que Dieu a arraché de la mort n'est plus limité à un pays, une époque, une culture. Le grand mystère de sa Résurrection l'a fait Christ du monde. Sa personne est contemporaine de tout être humain, et sa vie appelle la liberté vivante de chacun d'entre-nous* »[100]. Jésus n'impose pas l'exigence qui résulterait impossible. Grâce au chemin parcouru, Pierre s'est converti en un « oui » humble et total à Jésus et à son appel à aller, comme Lui, jusqu'au bout de l'amour.

Notre chemin n'est dans le fond pas si éloigné de celui de Pierre. Avec Jésus, grâce à lui, nous cheminons dans la compréhension progressive de notre réponse possible. Rien n'est instantané. Le chemin, avec nos propres audaces et nos propres trahisons, est le

---

[100] Marie-Claire Berthelin, *La décision de vivre*, Supplément à Vie Chrétienne, n°464, p. 36

terrain de vérité à partir duquel Jésus peut nous aider à répondre à son appel et à aller plus loin. Il nous rejoindra profondément. Il ne nous proposera jamais ce que nous ne sommes pas en mesure d'accomplir. Il nous renforcera au contraire dans ce que nous sommes appelés à être et à devenir vraiment, sur le chemin de notre propre humanité. Il ne cherche personne d'autre que nous pour « *que les hommes aient la vie et qu'ils l'aient en abondance* ».[101]

Jésus nous donne un autre mode de présence au monde qui vient faire éclater les représentations d'un Dieu tout-puissant et omniprésent. Il introduit, par sa personne, un mode de présence qui ne s'impose pas, qui laisse être les hommes en se donnant à eux. Il est humble. Pour François Varillon, nous ne pouvons pas aimer une personne avec un regard qui surplombe : « *Quand Jésus lave les pieds des apôtres le soir du jeudi Saint, Il les regarde de bas en haut et c'est à ce moment-*

---

[101] Jn 10, 10

là qu'Il nous dit qui est Dieu.[102] » Dans l'Evangile, tout y est aussi concernant l'esprit qui doit être le nôtre : Se voir confier une responsabilité ne nous dit pas que nous sommes les meilleurs ni supérieurs aux autres. Le chemin est un chemin de renoncement, en particulier et surtout à soi-même. Il est si difficile d'agir sans notre ego, de se tourner vers l'autre sans être d'abord tourné vers soi-même. Renoncer à être le centre, à être le premier ou la première. Renoncer à compter sur ses propres forces. Renoncer à ne se fier qu'à ses idées, qu'à ses propres convictions. « *Alors aimer consiste à y laisser sa vie. A ne pas la garder pour soi. Aimer, c'est se déprendre de soi grâce à l'amour qui est offert par l'autre et qui ne demande rien d'autre que l'abandon de la préoccupation de soi.*[103] » Sans renoncer à ce que nous sommes, pourquoi ne pas être complètement tourné vers l'autre ? à ce qu'il

---

[102] François Varillon, *Joie de croire, joie de vivre*, éditions Le centurion, 1981
[103] Homélie du Père Dominique Collin, dominicain, Messe du 3ème dimanche de Pâques en l'église Saint-Jean-Baptiste, 5 mai 2019

a à nous dire ? à ce qu'il veut partager ? à ce qu'il est, et non pas à ce que nous voudrions qu'il soit ? Comprenons que l'amour ne s'impose pas, ne domine pas. Il fait grandir l'autre sans chercher le prestige, dans le bonheur d'accompagner et de servir la vie.

Donner la vie, comme Jésus l'a fait, faire émerger l'autre, le faire exister –ex-essere–, être, pour ce qu'il est vraiment. Jésus ressuscité peut nous apprendre à regarder de l'intérieur, à écouter. Apprenons à aimer ! Être disciple de Jésus ne se résume pas à suivre une philosophie ou une sagesse de vie. Nous ne sommes pas les élèves d'une doctrine. Il n'est pas une idée, un concept, une éthique, Il est d'abord un homme à nos côtés, sur notre route, pour marcher à notre rythme, avec l'assurance qu'Il n'ira pas plus vite ou moins vite que nous. Notre rythme sera toujours le sien. Sa proximité est de chaque instant, pour façonner et orienter nos désirs et nos intentions, pour prendre la direction qui nous correspond et qui nous mène vers plus de vie. C'est dans cette perspective qu'il faut observer l'*icône de*

Jésus et de son ami[104], celle qui représente l'abbé Ména, supérieur du monastère de Baouït en Egypte à la fin du Xième siècle. Deux personnes côte à côte, le Christ portant les Evangiles, l'abbé le rouleau à la main. Ils se ressemblent : même taille, même silhouette, même regard. Ils ne sont pourtant pas identiques. Ils partagent la même perspective, regardent vers la même direction. Jésus pose son bras sur son épaule d'un geste qui ne retient pas mais qui montre le lien qui les unit et aussi la responsabilité qu'Il lui confie. Il s'appuie sur son ami et l'envoie au-devant de lui. Faire route ensemble ... Ainsi, ne nous méprenons pas sur la signification de « suivre Jésus ». Il ne nous veut pas derrière lui, pour l'imiter en reproduisant à l'identique ses faits et gestes. En nous appelant à sa suite, Jésus ne compte pas sur une imitation, mais sur un partage, une communion de vie, une assimilation de ses intentions profondes, qu'Il nous appelle à décliner dans notre vie quotidienne. Ainsi,

---

[104] Icône exposée au musée du Louvre dans les salles consacrées à l'Egypte copte

quoi de plus motivant que cette route à deux, avec Lui, comme Lui ?

Avec Jésus, le mot « *disciple* » revêt un sens qui lui est très spécifique. Devenir disciple (oui, on le devient !), c'est apprendre Jésus lui-même, sa personne, sa pensée, son regard, ses gestes, son cœur. C'est vivre avec Lui, et c'est être avec Lui.

Chapitre 2

Des parents modèles ?

Jésus n'apparaît pas dans l'histoire à l'âge adulte. Dieu a voulu qu'Il passe par notre humanité, qu'Il se forme dans le ventre d'une femme, qu'Il naisse, qu'Il soit éduqué, qu'Il grandisse et qu'Il soit offert par ses parents. Des parents uniques, il faut le dire.

Le « oui » d'une mère : Marie

Voyons ce qui caractérise Marie. Tout commence par un « oui » au moment de l'Annonciation : « *Qu'il me soit fait selon Ta parole* ». Oui à quoi ? A de l'inédit, à de l'insolite. Porter Jésus, le Fils de Dieu, lui donner naissance, tout en étant préservée du péché, l'Immaculée Conception. Ce « oui » là a tant de force, de portée et de puissance ! Ce n'est pas la réponse d'un instant, mais celle de toute une vie. Dans le « oui » de Marie, il y a l'acceptation du départ à l'aventure. S'il y a une personne qui a vécu « l'inattendu », c'est bien elle ! Il n'est pas demandé à tout le monde d'être la Mère du Sauveur, et d'y consacrer toute sa vie ... Notre appel et notre chemin à parcourir ne sont pas bien différents, nous devrions nous y faire : l'attendu prend toujours la forme de l'inattendu. Nous ne vivons rien d'autre que ce que Marie a vécu : nous lever, nous mettre en chemin, nous laisser interpeller, pour que nos choix et nos décisions tracent le chemin d'une vie ordonnée à Dieu, fidèle au Christ. Accepter l'inattendu pour nous, c'est l'audace d'aller sur une voie nouvelle pour qu'émerge le sens à donner à notre vie, petit à petit, sans forcément avoir tous les éléments de compréhension au moment de nous mettre en route. Le chemin avec Marie fait que nous ne nous sentons jamais « déroutés ». Avec elle, nous déclinons ainsi notre « oui » sans condition, en face de l'imprévisible, voire de l'impossible, pour être conduits au-delà de ce que nous nous croyons capables. Et si finalement l'inattendu était la proposition d'aller toujours plus loin pour être pleinement nous-mêmes dans la réalisation même de notre propre vocation ?

Marie est la terre d'accueil qui permet la vie et la croissance. A ce moment de sa vie, elle sait qu'elle va vers la complexité. En effet, comment faire comprendre les événements à ses parents, à Joseph et à son entourage ? Grâce à l'amour de Joseph, lui aussi choisi pour être le père adoptif de Jésus, elle parvient à accomplir la volonté de Dieu. Les adversités sont inévitables. Voir grandir Jésus en lui offrant l'amour sans réserve dont est capable une mère a été le fondement de sa vie, dans la certitude d'accomplir l'étonnante volonté de Dieu : contribuer au salut de l'humanité. Mais les rejets dont a été victime son propre Fils n'ont pas manqué de la conduire, elle aussi, sur le chemin de l'incompréhension et de la souffrance. Elle a vécu de plein fouet les méfiances sur l'identité et les intentions de son Fils. Que dire aussi de sa force intérieure qui permet de les vivre, parce qu'elle est entièrement mobilisée par le souffle de l'Esprit, dans l'attente de Dieu seul le salut ? Sa disponibilité à l'Esprit peut être la nôtre et nous garder fermes dans l'agitation et les vents contraires. L'opposition, tout comme l'adversité, vécus en accueillant Marie à nos côtés, nous rendent plus forts dans nos propres intentions et nos propres choix.

Qu'a compris Marie lorsqu'elle a vu Jésus, son Fils, vivre sa passion et se laisser clouer sur la Croix ? Elle n'a probablement pas cherché à comprendre, mais à offrir son coeur de Mère souffrant. Marie n'est pas « à côté de nous » mais en profonde communion « avec nous » si la tentation nous venait de demander à Dieu la raison pour laquelle il accepte de faire passer par tant de souffrance. Marie nous rappelle que Dieu ne veut pas nous épargner la souffrance mais, comme le dit Paul Claudel, « *Il est venu l'habiter de sa présence* ». Que dire d'une telle proximité ? La souffrance, notre propre souffrance, que nous voulons parfois expliquer, a sa part de mystère. Mais Marie, qui est restée ferme près de la Croix avec une foi inébranlable, a reçu la joyeuse consolation de la Résurrection pour qu'elle soit aussi la nôtre aujourd'hui. La vraie joie, c'est cet élan de vie plus fort que la mort dont Marie a été témoin. Elle avait déjà médité dans son coeur la joie de ce salut qu'elle savait inévitable, comme une joyeuse espérance, enfouie au plus profond d'elle-même. « *Mon âme exalte le Seigneur, exulte de joie en Dieu mon Sauveur* » s'exclame-t-elle à la croisée des chemins, d'abord avec sa cousine Elisabeth, puis tout au long de vie, comme un chant secret. Il y a en chacun de nous « *cette petite part mariale plus enracinée que le péché, cette petite merveille qui doit s'épanouir en Dieu pour l'éternité.* » affirme André Cabes.

Marie est restée proche de son fils, depuis le début, et jusqu'à la fin. Elle a été cette mère attentive, distante aussi. En effet, elle a dû accepter les zones d'ombre, et laisser Jésus être ... Jésus. Elle a accompagné sans étouffer ou posséder, avec, au plus secret, la peur de perdre son Fils. Être mère, c'est accepter le don de son enfant pour qu'il soit « donné », pour qu'il aille vers la vie, vers sa vie ! Cette relation, certes unique, est aussi celle de toute mère qui accompagne au jour le jour son enfant dans la vie et vers sa vie. Elle nous dit qu'au cœur des adversités et des complexités réelles, la relation mère-enfant peut être solide et indestructible, parce qu'aimante dans le don de sa vie à l'autre.

L'homme juste et humain : Joseph

Ce qui caractérise Joseph, c'est sa discrétion et son efficacité. Il laisse toute la place à Marie. Elle porte le Sauveur du monde ! Mais il doit cheminer intérieurement pour adopter l'attitude juste et apprendre, avec Marie, à être le « père adoptif » que Dieu veut pour son Fils. Joseph commence par respecter le vœu de virginité de Marie et endosse extérieurement la paternité de l'enfant à naître. Il est aidé par Dieu dans la compréhension des événements grâce à des songes : « *Ne crains pas Joseph de prendre chez toi Marie, ton épouse car ce qui a été engendré en elle vient de l'Esprit Saint. Elle enfantera un fils et tu l'appelleras Jésus car c'est lui qui sauvera son peuple de ses péchés* »[105]. Cela ne veut pas dire qu'il a trouvé la tâche facile ! Il affirme la posture qui convient devant son entourage (celle de ne pas répudier Marie) pour que se réalise la volonté de Dieu parce qu'il est un homme de foi. Il connaît la tradition juive, il la pratique. Joseph est un homme juste[106]. En langage sémitique, le juste est celui qui connaît et pratique la Torah. La préoccupation constante de Joseph est d'être ajusté à la volonté de Dieu. Il est le « tsadiq », l'homme fervent, intègre, fidèle et généreux. C'est une âme purifiée et unifiée par la prière,

---

[105] Mt 1, 20
[106] Mt 1, 19 et Lc 2, 48-49

rassemblée. Son nom « Joseph » dit son programme de vie, sa mission : il va devoir porter à accomplissement, à l'accroissement, à la fécondité : יָסַף « Il augmentera », « il ajoutera », « il fera croître ».

Joseph ne joue pas un petit rôle auprès de Marie. Bien au contraire. Dans l'Evangile de Matthieu, il est spécifié qu'il est fils de David. Il offre ainsi à Jésus d'être lui aussi un fils de sa lignée et l'inscrit dans une généalogie, celle de l'histoire d'Israël. De plus, Joseph accueille son enfant dès la naissance et a le privilège de le prendre dans ses bras et de le donner à Marie. C'est lui aussi qui proclame le nom de l'enfant « Dieu sauve ». C'est dire qu'il accepte ce pour quoi il vient au monde. Non seulement il accepte, mais il adhère au projet de Dieu. Il a toute sa part dans l'œuvre du salut.

Il faut parfois accepter son propre rôle. Il n'est à comparer à aucun autre. Nous sommes attendus dans ce qui nous est très spécifique, dans ce que nous pouvons faire ou donner. La tâche qui nous revient ne peut pas être confiée à quelqu'un d'autre. La mission de chacun est unique parce qu'elle part de ce que nous sommes et le prolonge jusqu'à son propre accomplissement. Joseph nous apprend à nous satisfaire de la place qui est la nôtre, du rôle que nous avons à jouer, même si nous avons parfois l'impression d'agir dans l'ombre de quelqu'un. Il est aussi pacifié dans les relations qu'il a avec Marie et Jésus. Dieu nous rappelle qu'il n'y a pas de grands ni de petits rôles à jouer pour qu'advienne son Royaume. Il y a celui qui nous correspond, à chacun, l'essentiel étant de désirer accomplir sa volonté.

Joseph commence à être le père adoptif de Jésus en l'élevant selon les coutumes juives. Huit jours après sa naissance, Il est circoncis selon la loi, puis il est amené au Temple de Jérusalem afin de Le présenter à Dieu comme offrande. C'est là que le prophète Siméon reconnaît l'enfant comme étant « la lumière des Nations ». Il transmet ainsi à Jésus l'héritage religieux qui, à ses yeux, représente ce qu'il y a de plus précieux et qui est indispensable pour avancer dans la vie. Il l'introduit à la foi au Dieu unique. Nous pouvons penser à tous ces parents qui optent pour le Baptême de leur enfant. Ils ont dans le cœur ce que Joseph a dans le sien : confier la vie de son enfant à Dieu pour qu'il soit guidé. Ils expriment ainsi leur désir d'offrir le meilleur à leur enfant : l'héritage religieux pour vivre dans la voie de la sainteté. Il est acté que l'enfant est ensuite libre de prendre soin de cette semence déposée le jour de son Baptême. Mais tout est déposé, le potentiel est là et il ne demande qu'à s'exprimer et à grandir. Sachons, comme Joseph, offrir ce qu'il y a de précieux à notre enfant : le don de la vie divine pour vivre et s'accomplir.

L'éducation que Joseph offre à Jésus à Nazareth est en réalité très simple. Dans l'Evangile de Matthieu, nous savons que « Jésus est le fils du charpentier »[107]. Joseph transmet donc à Jésus le goût du travail bien fait. Il ne fait pas de grands discours à Jésus. Joseph n'est pas un homme de paroles.

---

[107] Mt 13, 55 ; Lc 3, 23 ; 4, 22 ; Jn 6, 42

D'ailleurs, l'Evangile n'en rapporte aucune. Il laisse Jésus apprendre de ses gestes, de sa précision, de ses calculs, de ses mesures, car oui, Joseph est un homme qui sait faire des plans et qui les réalise. Jésus, à ses côtés, voit en Joseph un homme respecté, que l'on vient consulter pour un projet à réaliser, une poutre à changer, une maison à construire, un outil à fabriquer. Il a toutes les aptitudes d'un bon éducateur, laissant Jésus l'observer et apprendre humblement, patiemment et efficacement. Cette attention aux détails, ce regard qui voit ce que personne ne voit, Jésus les tient probablement de Joseph pour qui le sens du détail est important. Dans sa façon d'éduquer Jésus, de le conduire dans la vie et à la vie, Joseph nous dit, comme Erasme, que *« l'on ne naît pas homme, on le devient »*[108]. Joseph n'est ni laxiste ni dominateur. Il accompagne la croissance de Jésus dans le respect de certaines limites, car il sait qu'elles sont structurantes. D'ailleurs, dans le mot hébreu « yassof », il y a le sens de « croissance » et de « limite ». Combien de

---

[108] Erasme, Œuvres choisies, Le Livre de Poche, 1991

parents reculent eux-mêmes les limites qui sont indispensables à l'éducation de leur enfant, voire, qui les font disparaître, prétextant la liberté de grandir sans contraintes ? Joseph peut nous resituer dans notre rôle de parents qui aiment transmettre la mesure pour apprendre à être libre. Il n'exerce pas non plus un pouvoir sur Jésus. Quand il exerce son autorité, il exerce son humanité. Il n'oublie pas que « le juste doit être humain »[109]. Bien plus, il laisse toute sa place à la relation de son fils adoptif avec son Père. Avons-nous conscience que dans notre rôle de parent, chacun a sa propre place, son propre rôle à jouer ? La relation du père et de la mère est affirmée comme complémentaire pour favoriser la croissance et la vie.

Des parents selon le cœur de Dieu

Nous ne pouvons pas parler de Marie sans y associer Joseph, ni parler de Joseph sans y associer Marie. Au long des siècles,

---

[109] Sg 13, 19

l'iconographie les a souvent dissociés : on y voit Marie avec Jésus, puis Joseph avec Jésus. C'est bien plus tard que nous apercevons Marie, Joseph et Jésus réunis... la Sainte Famille. Marie et Joseph se sont unis pour accompagner Jésus et l'aider à accomplir sa mission. Dès la fuite en Egypte, ils prennent tous les deux des risques pour protéger leur fils, en restant à l'écoute des conseils du très-Haut. Ils forment la famille dont Jésus a besoin pour être homme parmi les hommes. Ils sont choisis par Dieu pour accueillir, protéger, élever et introduire Jésus sur le plan social et religieux dans une culture et une tradition. Dans ce projet commun, ils offrent à Jésus la confiance, la stabilité, l'amour indispensables à toute croissance humaine et spirituelle. Ils n'ont pas été choisis parce qu'ils étaient parfaits. Dans cette famille, rappelons que Joseph est pécheur (même s'il est le seul !). Marie et Joseph sont un couple « en formation ». Grâce à Jésus, ils apprennent à être parents. Cela peut rassurer bon nombre de parents : cela s'apprend en ...faisant. Il n'y a pas de méthode assimil ! Le chemin se fait longuement, patiemment, aux détours de certaines incertitudes et déconvenues. Marie et Joseph sont aussi passés par ce chemin, et comme beaucoup de parents, ils ont eux aussi été parfois perdus : « *Mon enfant, pourquoi nous as-tu fait cela ? Vois ! Ton père et moi, nous te cherchions, angoissés... Pourquoi me cherchiez-vous ? Ne saviez-vous pas que je devais être dans la maison de mon Père ?* »[110]. Jésus quitte ses parents pour échanger avec les docteurs de la Loi dans le Temple de Jérusalem. Il grandit dans la conscience progressive de sa mission, et Il n'attend pas.

C'est à ce moment-là que les parents doivent apprendre de leur fils. Après avoir initié Jésus à toutes les dimensions de la vie, Marie et Joseph doivent apprendre eux-mêmes qu'ils sont sensés le laisser partir. « *L'éducation consiste en fait à permettre le développement des qualités de l'enfant, mais surtout l'expression de l'unique que le Père*

---

[110] Lc 2, 48-19

divin lui a donné »[111]. On ne peut pas définir ce que l'enfant doit être. Cela est laissé à ce qu'il doit devenir. Car nous devenons ce que nous sommes, et il faut accepter, en tant que parents, que quelque chose nous échappe. Nous devons aussi renoncer aux projections que nous faisons sur l'avenir de notre enfant. Gilles Le Cardinal nous indique à ce sujet que *« Joseph et Marie nous incitent à ne jamais empêcher nos enfants de suivre la vocation que le Père du ciel leur indique »*[112]. C'est ce que YWHW fera comprendre bien avant à Abraham lorsqu'il lui demande de lui offrir son fils Isaac. Loin du sacrifice humain, Abraham devra choisir de laisser son fils partir pour vivre sa propre vie, autrement dit de « couper le cordon ». Marie et Joseph savent que Jésus doit accomplir une mission. Ils doivent le laisser partir vers sa vie publique. Ils nous apprennent la maternité et la paternité « libérantes » : celles qui pousse le Fils à vivre, à s'accomplir... et à accomplir

---

[111] Gilles Le Cardinal, *Vivre la paternité*, *Construire la confiance*, Desclée de Brouwer, 2005, p. 60
[112] Idem p. 131

la volonté de Dieu. « Aimer » se conjugue avec le verbe « donner ». Aimer c'est tout donner, et se donner soi-même, aussi et surtout quand il s'agit de donner son fils.

Chapitre 3

Chemins de fraternité

Vivre en frères et sœurs, aspiration et défi

Toute relation s'insère dans une dimension beaucoup plus large que celle de la relation interpersonnelle. Elle vise à construire une société et à édifier un monde où la relation revêt toute son importance. Nous l'avons expliqué, l'homme est structurellement relation. L'homme qui reçoit le souffle de Dieu à la création est un vivant qui sort de lui-même. Une sortie qui le met en relation avec ce qui l'entoure. N'est-ce pas cela « existe » ? « essere » en italien... sortir « ex » pour être « essere » ? Sortir de soi pour aller vers l'autre et le rencontrer. C'est comprendre et composer sa vie avec l'autre. Cette dimension, à elle seule, est tout un travail, une maturation au long des années pour nous concevoir sans peur en fonction de l'autre. Du fait de la complexité, la relation à l'autre n'est pas acquise une fois pour toute. Elle se travaille. Elle se construit. Elle est en devenir. De quoi peut dépendre ce devenir ? De ce qu'il y a dans le cœur de l'homme ? De ses intentions les plus profondes ? De sa volonté d'œuvrer pour construire des relations plus vraies, plus justes, plus paisibles ?

L'épisode de la Tour de Babel, raconté dans le livre de la Genèse[113], nous montre que rien n'est acquis à l'instantané et que les hommes font difficulté à se comprendre les uns en fonction des autres. Pour que les hommes vivent en harmonie entre eux, une langue commune ne suffit probablement pas. Ils admirent la hauteur de la tour, au lieu de contempler les efforts communs, la mise en place de la collaboration, la recherche de la

---

[113] Gn 11, 1-9

construction commune. D'ailleurs, tout cela a dû faire défaut car cette tour est beaucoup trop haute, démesurée, ne correspondant en rien aux véritables besoins de l'humanité. Elle ne sert que l'image que l'homme veut se construire de lui-même, mettant sa propre projection sous le feu des projecteurs. Il est mystérieux d'être témoins encore aujourd'hui, de constructions similaires tout aussi clinquantes et choquantes pour ne servir que notre humanité avide de pouvoir et de puissance.

Dans la Nouvelle Alliance, Jésus rappelle très souvent que nous existons pour vivre ensemble, dans une harmonie qui est, dans le fond, l'aspiration la plus profonde de chaque être humain et qui est à construire. Jésus regarde notre humanité se déchirer déjà à Jérusalem lorsqu'il pleure sur elle. Il parle de la fraternité de « fils de Dieu » qui ont un même Père : « Abba » et qui ont reçu l'Esprit d'amour qui passe dans les cœurs.

Le défi s'exprime clairement dans les Actes des Apôtres où nous voyons que les premiers chrétiens savent qu'ils ont vocation à vivre ensemble avec les réticences de chacun. La Résurrection de Jésus et le don de l'Esprit Saint à la Pentecôte fait de nous des frères et bouge les cœurs dans le sens de la communauté, le partage des richesses, le bien commun et la place de chacun. Non sans difficultés au quotidien, car ce qui est exposé là n'est pas qu'un idéal. C'est un don et aussi une tâche à réaliser, engageant toute la liberté et la responsabilité de chacun des acteurs dans la communauté. Cette dernière ne repose pas sur la juxtaposition des personnes, mais sur la dynamique du « vivre ensemble » : une synergie qui produit plus de force et de vie : prier, célébrer, partager. Ce qui rassemble malgré les différences dans les premières communautés chrétiennes, c'est Jésus. L'expérience de Jésus, en effet, transforme en frère et unit. Cette façon de vivre ensemble est le témoignage visible que Jésus est présent, qu'il est l'envoyé du Père et qu'il nous unit par son Esprit. Ces premières communautés de foi peuvent-elles encore nous inspirer aujourd'hui ?

Vers le sens de la vie en société ?

Au XIXème siècle, beaucoup de femmes et d'hommes inspirés ont eu l'audace d'entreprendre un « nouveau combat » pour raviver ou rallumer partout le flambeau de la foi. La méthode d'évangélisation est essentiellement communautaire car il y a la certitude que seule la communauté peut convaincre. L'appel est de vivre la fraternité en communauté, ce que met en lumière l'apparition de nombreuses congrégations religieuses. La communauté suppose la relation entre les individus, le sens du don et du partage. Celui du compromis. La vision d'un intérêt bien supérieur à celui de l'individu. Une aspiration commune pour un projet commun. Un idéal à réaliser et à poursuivre ensemble.

Qui n'aspire pas à une société plus juste, plus humaine, où circule la charité, l'écoute, l'attention au plus faible, le sens du partage, la loyauté et la confiance en la parole de l'autre ? La foi de ces petites communautés évangélisatrices ne vient pas introduire une morale, un discours ou un exemple à suivre. Elle veut bouger les mentalités, changer les cœurs, modifier le regard, pour l'édification d'un monde meilleur, plus humain...plus divin. Elle propose de mettre l'homme en relation avec ses aspirations les plus vraies, les plus authentiques, les plus profondes, les plus humaines. La foi nous propose d'aimer pour se réaliser pleinement en « *cessant d'adorer sa propre statue, de rompre tous les liens qui nous lient à notre propre moi, de transformer l'agressivité en amour et utiliser toute cette énergie pour stimuler, accueillir et aimer nos frères. Ainsi, nous nous sentirons accomplis* ».[114] C'est comme dire « Bienheureux les cœurs purs »... Ils pourront aimer les frères. Le coeur pur regarde constamment Dieu et fixe la personne de Jésus. C'est cette contemplation qui transforme le regard sur nos frères, qui

---

[114] Ignacio Larranana, *Sali con me, La vita di fraternita*, Edizioni Messaggero, Padova, 1086, p. 87

décentre de soi-même et de nos propres intérêts. Nous n'avons plus rien à préserver ni aucun motif d'être méfiant vis-à-vis de l'autre. Il ne reste qu'à nous ouvrir à nos frères. N'ayons pas peur de les aimer ! les obstacles pour aimer ne sont pas à l'extérieur de nous, mais à l'intérieur. Ils relèvent de nos psychologies, de nos habitudes, de nos zones de confort. La fraternité, quelle que soit la manière dont nous la vivons, nous aide à intégrer et à dépasser ces difficultés pour entrer dans une dimension où l'amour de Jésus est plus fort, plu solide et plus stable. *« Chacun de nous peut se parfaire, se compléter ' מלש'. La réconciliation avec les autres nous le permet. Elle nous autorise à accepter des échanges de qualité. Elle nous permet de nous perfectionner par l'apport des uns et des autres, ce qui n'est possible que dans l'harmonie et la paix. Pacifier, nous avons tout à gagner. Le verbe payer ' מלש', vient de la même racine que paix. Faut-il payer sa paix ? Il faut certainement s'investir et payer de sa personne pour accéder à la paix (...) devenue paisible, nous sommes à même de partager la paix avec les autres. Bien plus nous l'irradions et elle devient "contagieuse". Elle se répand et s'amplifie comme elle inonde, de proche en proche. L'hébreu dit que nous devenons alors des « machal -לשמ, des exemples. »* [115]

Une fraternité universelle ?

Voir la communauté et la vie en société comme un atout, c'est vouloir collaborer à la construction d'une société plus juste et plus solidaire. Aujourd'hui, le défi est de taille. La montée de l'incroyance, des intolérances, des divisions de tous genres et des polarisations nous suggère de sauver ce qui peut l'être et ce qui doit l'être : l'être humain. Sauver l'humanité dans notre humanité. Celle qui se trouve en chacun d'entre nous, enfouie parfois, certes, mais toujours prête à émerger. Dans le fond, ne s'agit-il pas de notre vraie nature ? Ainsi, les plus sensibles à cette dimension de l'homme dans notre

---

[115] Irit Slomka-Saguy, *Lettres hébraïques, miroir de l'être*, Editions Grancher, 2016 P. 112-113

société sont appelés à œuvrer en faveur de « *l'amitié sociale* ».[116] Cette mission nous engage dans notre monde pour qu'il soit plus juste et plus fraternel. Nous pouvons avancer la valeur absolue de l'être humain, de ce qu'il est : « *Il est quelque chose de fondamental et essentiel à reconnaître pour progresser vers l'amitié sociale et la fraternité universelle : réaliser combien vaut un être humain, combien vaut une personne, toujours et en toutes circonstances.* »[117] « *Servir signifie prendre soin des membres fragiles de nos familles, de notre société, de notre peuple* » (...) « *le service vise toujours le visage du frère, il touche sa chair, il sent sa proximité et même, dans certains cas, la souffre et cherche la promotion du frère.* » [118]. Notre activité professionnelle, associative ou ecclésiale nous situe très souvent au cœur de ces préoccupations : « *Le travail d'éducation, le développement des habitudes solidaires, la capacité de penser la vie humaine plus*

---

[116] Pape François, *Fratelli Tutti – Sur la fraternité et l'amitié sociale–*, Bayard Editions–Name– Les éditions du Cerf, 2020
[117] Idem n°106
[118] Idem n° 115

intégralement et la profondeur spirituelle sont nécessaires pour assurer la qualité des relations humaines, de telle manière que ce soit la société elle-même qui réagisse face à ces inégalités, à ses déviations, aux abus des pouvoirs économiques, technologiques, politiques ou médiatiques. »[119] Pourquoi ne pas croire que nous pouvons contribuer à l'avènement d'un monde nouveau, transformé par la rencontre, la culture du dialogue et l'attention au plus faible ? « *Grâce à l'amour social il est possible de progresser vers une civilisation de l'amour à laquelle nous pouvons nous sentir tous appelés. La charité, par son dynamisme universel, peut construire un monde nouveau, parce qu'elle n'est pas un sentiment stérile mais la meilleure manière d'atteindre des chemins efficaces de développement pour tous.* »[120]

Ayons le souci de développer, où que nous soyons, « *la civilisation de l'amour* », « *son dynamisme universel peut construire un monde nouveau, de développement pour*

---
[119] Idem n°167
[120] Idem n°183

tous ». Continuons nos efforts pour que ce nouvel ordre social, fondé sur la justice et l'égalité des chances, émerge partout dans le monde. Soyons frères et sœurs de notre humanité ! « *Rêvons en tant qu'une seule et même humanité, comme des voyageurs partageant la même chair humaine, comme des enfants de cette même terre qui nous abrite tous, chacun avec la richesse de sa foi ou de ses convictions, chacun avec sa propre voix, tous frères.* »[121]

Et si, en fait, nous étions, tous et chacun, plus … humains ! N'est-ce pas à priori dans la logique de nos compétences ? Être plus humain, aller chercher au fond de soi le meilleur de son humanité : la capacité d'écoute, la patience, l'accueil de l'autre et de sa différence, accompagner, oser des paroles de vie, qui donnent la vie ! Faire le chemin « à côté » de l'autre, et non devant, dans le partage réciproque de nos vies, de nos convictions, de nos valeurs, de ce qui nous tient à cœur. Être plus humain… être

---

[121] Pape François, *Fratelli Tutti - Sur la fraternité et l'amitié sociale-*, Bayard Editions-Name- Les éditions du Cerf, 2020

simplement nous-mêmes et permettre à l'autre d'être pleinement lui-même. La proximité d'une écoute et d'un regard ne laisse pas indifférent. Elle crée la relation de confiance.

CONCLUSION

« *Les rêves se construisent ensemble* ! »[122]

Si le rêve peut nous sembler inaccessible, l'espérance, elle, est proche de chacun d'entre nous. Elle part de ce qui existe, mais que nous devons atteindre ou réaliser. Elle permet d'aspirer à quelque chose de meilleur. Elle nous fait toucher du doigt ce qui est supérieur à nous-mêmes et aussi à notre portée. Il nous est possible de transformer tout ce qui est entre nos mains. Le trésor de notre humanité est là, mais il doit advenir en nous, par nous. L'espérance ne déçoit pas ! Elle nous pousse à agir. Le monde est le lieu d'où peut émerger une espérance sans limite. Pourquoi ? Parce que nous croyons en l'homme, et nous croyons en Dieu, qui s'est fait Homme.

---

[122] Pape François, *Fratelli Tutti – Sur la fraternité et l'amitié sociale-*, Bayard Editions-Name- Les éditions du Cerf, 2020, n°8

Il est vrai que nous « rêvons » d'un monde plus paisible, sans attentats terroristes que nous avons malheureusement connu de façon accrue ces quinze dernières années (l'attentat de Charlie Hebdo le 5 janvier 2015, de l'Hyper-cacher le 9 janvier de la même année, l'attentat de Nice en 2016, l'assassinat du Père Hamel la même année, celui de Samuel Paty en 2020…). Le monde d'aujourd'hui est inquiet. Les gens ne se sentent plus en sécurité à cause du rejet des différences, notamment religieuses. Pour autant, sommes-nous condamnés à vivre dans la peur ? N'avons-nous pas envie d'espérer un monde où chaque nation et chaque homme peut vivre dans la paix ?

Nous « rêvons » aussi d'un monde qui prône l'égalité des chances. En France, les « Resto du cœur » ne désemplissent pas. Coluche n'avait en tête qu'une solution provisoire à la pauvreté. Qu'inventer de plus, de mieux ? L'espérance d'un monde qui prône une meilleure répartition des richesses est dans le fond en chacun d'entre nous. Nous savons qu'elle peut représenter une des solutions, et elle dépend de notre vouloir et de nos audaces politiques et économiques.

La mobilité forcée n'est pas la volonté de milliers de migrants, conséquence de nombreux conflits. Ces mouvements de population deviennent trop massifs et ils déstabilisent un certain équilibre mondial. Aujourd'hui, il manque de toute évidence de volontés politiques, de réponses communes à ce phénomène. Nous « rêvons » d'accords concrets et efficaces, dans le sens de l'accueil dans de bonnes conditions. Bien plus, nous les espérons puisque de nombreuses associations humanitaires s'engagent en faveur de l'accueil de personnes sans toit, sans papiers et sans nourriture. Nous sentons bien que certaines situations sont intolérables car elles ne rendent pas hommage à l'humain qui est en nous. Quelle espérance !

Nous « rêvons » d'un monde respectueux de son environnement. Nous savons qu'il est temps de se rappeler que notre planète n'est pas un dû mais un don, qu'elle nous est confiée pour en prendre soin et la respecter. Cette prise de conscience depuis quelques décennies est un véritable motif d'espérance. La consommation effrénée, facteur de croissance économique, commence à perdre de vitesse dans certaines mentalités. Le Pape François va encore plus loin : « *La conviction que 'moins est plus'. En effet, l'accumulation constante de possibilités de consommer distrait le cœur et empêche d'évaluer chaque chose et chaque moment (...). C'est un retour à la simplicité qui nous permet de nous arrêter, pour apprécier ce qui est petit, pour remercier des possibilités que la vie nous offre, sans nous attacher à ce que nous avons, ni nous attrister de ce que nous ne possédons pas.* »[123]

Nous « rêvons » que le noyau familial se réinvente au milieu de constantes évolutions : l'image de l'homme et de la femme, la répartition de leurs rôles, le rythme de travail dans le couple ; la conception du corps et de la sexualité. Des nouveaux

---

[123] Pape François, *Laudate si*, chapitre 22, p. 172

modèles d'engagement apparaissent : des couples pacsés, homosexuels. Une multiplicité de cas de figure qui émergent d'un profond sentiment de déracinement, d'une perte fondamentale de repères. Nous pouvons dire que nous espérons nous réapproprier certains fondamentaux qui nous mèneront vers le bonheur de la relation confiante, solide et pérenne. Cette espérance-là est à affirmer quand cela est possible.

Nous sommes plongés dans de nouveaux moyens pour interpréter l'existence. La cyber-révolution planétaire multiplie les échanges de données et de services en s'affranchissant des limites du temps et de l'espace, qui inclut le cyber-supermarché, la cyber-culture ambiante et la cyber-communication. Mais de quels modèles de relations parlons-nous ? Allons-nous dans le sens du vrai dialogue, de la véritable communication, de la vraie relation ? Souhaitons-nous promouvoir ces relations « aseptisées » dont parle Benedetto Vecchi, où il s'agit de passer au plus vite d'une chose à une autre, d'une personne à une autre, sans attache, et où un désir en chasse un autre ? « *Le vrai désir ne se réduit jamais au besoin de posséder ou d'utiliser. Il est aspiration à vivre dans un jeu de relations. Accéder à cet horizon suppose que le désir se fasse.* »[124] En réalité, cette espérance-là n'est jamais loin de nos mentalités, puisqu'elle ne demande qu'à émerger.

Le monde a changé d'échelle, mais pas de nature. « *L'humanité s'est profondément transformée, et l'accumulation des nouveautés continuelles consacre une fugacité qui nous mène dans une seule direction, à la surface des choses. Il devient difficile de nous arrêter pour retrouver la profondeur de la vie.* »[125] Pour abonder en ce sens, Jean-Claude Guillebaud explique : « *Le réel change si vite qu'il nous paraît maintenant insaisissable. Le présent nous glisse entre les doigts comme une poignée*

---

[124] Marie-Arbon Santaner, *Quel homme suis-je*, Mediaspaul Editions, 1999, p. 152
[125] Pape François, *Laudate si*, chapitre 113, p. 91

d'eau avant même que nous ayons pu l'explorer et le comprendre. »[126]

Sommes-nous des hommes « simplifiés »[127] ? En effet, les techniques modernes veulent nous « simplifier » la vie, mais elles nous « simplifient » en même temps. En résulte un homme « simplifié » qui voit sa vie intérieure, sa singularité et ses relations se modifier, voire disparaître. L'homme « simplifié » a renoncé à lui-même. Pour de vrai ? L'espérance qui l'habite ne le résout pas à ces apparences et lui permet de désirer : « *Désirer vraiment, c'est aimer assez pour la vie pour se sentir vivre du bonheur de voir la vie se déployer pleinement en autrui. C'est pourquoi on ne doit pas s'étonner de voir le goût de la vie s'étioler en ceux qui sont réduits à consommer sans goûter jamais au bonheur de voir la vie se déployer par eux en d'autres.* »[128]

---

[126] Jean-Claude Guillebaud, *La Refondation du monde*, p. 461, ed Du Seuil, 1999
[127] J. M. Besnier, philosophe. *L'homme simplifié : le syndrome de la touche étoile*, Ed Fayard, 2012
[128] Marie-Arbon Santaner, *Quel homme suis-je*, Mediaspaul Editions, 1999, p. 152

Les rêves se construisent ensemble... l'Espérance est possible ensemble aussi ! L'homme peut tracer le chemin qu'il peut et qu'il veut pour lui-même. Le fera-t-il avec l'homme ? Toute la Bible est l'histoire de l'homme avec Dieu et de l'homme avec l'homme. Elle relate nos chemins d'humanité. Le monde d'aujourd'hui, même s'il porte en lui ses propres complexités, est en ce point si proche de toutes ces aventures de rencontres, avec ses aléas. Il nous suggère avec urgence de retrouver le sens du regard, du sourire, du geste qui rassure, de la rencontre de l'homme avec l'homme pour vivre comme un homme. Le véritable changement que nous espérons, n'est-ce pas celui des convictions que l'homme a sur l'homme ?

« Les rêves se construisent ensemble », et l'espérance est possible ensemble aussi, n'en doutons pas. Relisons toutes ces histoires bibliques pour nous en convaincre. Nous pouvons encore et toujours « rêver » mais surtout « espérer ». Pourquoi ? Nous saurons encore et toujours trouver les solutions à notre propre humanité, à celle qui n'acceptera jamais de sommeiller en nous jusqu'à s'éteindre.

L'homme avec l'homme est capable de grands projets. Parions que ces chemins d'humanité lui permettent de devenir plus … homme.

C'est quoi un homme ?

Chanson interprétée par Jérémy Frérot de son album « Meilleure vie »

Paroliers : Vincent Brion / Laurent Lamarca / Julien Grenier / Lionel Buzac / Romain Tristard P. Joutard
Paroles de Un homme © French Flair Entertainment, La Finca, Rossinante, Sony Music Publishing (france) Sas

… Regarde comme je suis
Un cœur, et deux poings
Je vis, je veux, j'oublie
Comme toi ni plus ni moins

… Regarde comme je crie
Comme je ris aux éclats
Je cours, je crée, je brille
Je sais, je ne sais pas

… Toi, tu veux un homme, toi, tu veux un père
Tu me dis "ralentis" tu me dis "accélère"
Et plus je te suis, et plus je te perds
Dis-moi, dis-moi, pour toi**, c'est quoi**

… Un homme au pire, au mieux perdu
Un homme, c'est quoi, je sais pas, je sais plus
Regarde-moi dans les yeux, qu'est-ce que tu vois ?
Dis-moi
Un homme, c'est quoi un homme, pour toi ?

… Un peu dur, un peu fragile
Un peu libre, un peu docile
Un peu fort, un peu sensible
Un peu fou, un peu tranquille

… Un homme au pire, au mieux perdu
Un homme c'est quoi, je sais pas, je sais plus

… Moi je change, je tente je
Lance et je m'avance je
Trouve de la place
Me crée d'autres espaces

… Je te suis, j'invente
Je me ré-invente
Je suis, je m'efface
Le feu et la glace

… Moi j'veux être un frère, un pote, un amant
Un phare, un repère et j'en veux autant
Et plus j'ai d'envies et plus je me perds
Si tu sais, dis-moi, pour toi, c'est quoi

… Un homme au pire, au mieux, perdu
Un homme c'est quoi, je sais pas, je sais plus
Regarde-moi dans les yeux, qu'est-ce que tu vois ?
Dis-moi
Un homme, c'est quoi un homme, pour toi ?

… Un peu dur, un peu fragile
Un peu libre, un peu docile
Un peu fort, un peu sensible
Un peu fou, un peu tranquille

Un peu d'rien, un peu d'folie
Un peu loin, un peu ici
Un peu rêveur un peu spleen

... Un peu joueur, un peu clean
Un peu là-haut, un peu froid
Un peu chaud, un peu plus bas
Un peu d'égo, un peu d'sale
Un peu salaud, un peu calme
Un peu d'candeur, un peu d'vice
Un peu daron, un peu crise
Un peu nature, un peu classe
Un peu ou pas dans les cases

... Un homme au pire, au mieux, perdu
Un homme, c'est quoi ? Je sais pas, je sais plus
Regarde-moi dans les yeux, qu'est-ce que tu vois ?
Dis-moi
Un homme, c'est quoi un homme, pour toi ?

... Un homme au pire, au mieux, perdu
Un homme, c'est quoi ? Je sais pas, je sais plus
Regarde-moi dans le yeux, qu'est-ce que tu vois
? Dis-moi
Un homme, c'est quoi un homme, pour toi ?

REMERCIEMENTS

Merci à toutes les personnes qui m'ont encouragée pour qu'aboutisse ce projet.

Un merci tout spécial à Bruno, Catherine, Jean-Pierre et Gilles qui ont pris le temps de relire le manuscrit, pour en corriger la forme et suggérer des pistes sur le fond.

Je dédie ce livre à Annick YAGUER, ma mère

Table des matières

INTRODUCTION.................................p.5

PARTIE I
MODELES BIBLIQUES
DANS L'ANCIENNE ALLIANCE
FRERES DE SANG ET FRERES EN HUMANITE

Chapitre 1
YHWH et l'homme : la relation offerte 10
    La relation par la différenciation 10
    La forme de l'homme 13
    Distanciation et relation 14

Chapitre 2
Adam et Eve, l'harmonie relationnelle brisée 15
    L'homme et la femme : incomplétude et accomplissement 15
    Distance et communion 17

Péché originel ou péché des origines ? 19
Repli sur soi et rupture 22
Tu peux choisir la vie ! 24

Chapitre 3
Caïn et Abel, frères en rivalité ? 27
Entre rivalité et ressentiment 27
Une nouvelle disposition du coeur 30
Se mesurer à l'obstacle, être plus grand 32

Chapitre 4
Abraham et Sara, une relation au-delà des limites de l'infertilité ? 35
Un couple en marche vers sa destinée 35
La sainteté au quotidien : apprendre à vivre avec un manque 37
Au-delà de l'impossible : le rire du possible de YHWH 39
Être l'un pour l'autre 43

Chapitre 5
Moïse et Aaron, une relation entre autorité et complémentarité............ 46

Deux frères, un même combat........... 46

Un frère fidèle, mais pas infaillible..... 50

Le chemin dynamique de l'Alliance.... 53

Vers un peuple de frères................... 55

Le juste doit être humain.................. 57

PARTIE II
MODELES BIBLIQUES DANS LA NOUVELLE ALLIANCE
TOUS FRERES EN JESUS

Chapitre 1
Jésus et son Père, une confiance absolue.. 61

« Abba, Père »...................... 61

Jésus, le reflet de l'amour du Père...... 63

Tous frères : la vie de l'Esprit............ 66

Chapitre 2

Une femme courbée sur le chemin **69**

    Ce que voit Jésus 70

    Ce que dit Jésus 72

    Vers un nouveau Sabbat 74

Chapitre 3

Un homme paralytique à la piscine de Bethesda **77**

    Jésus voit « un » homme 77

    « Veux-tu guérir ? » 79

    Un homme debout ! 82

Chapitre 4 : Les différents regards **83**

    Le regard des brigands 83

    Le regard du prêtre et du lévite 86

    Le regard du samaritain 88

    Quel est notre regard ? 90

PARTIE III

PROLONGEMENTS BIBLIQUES

LA DYNAMIQUE DE LA RELATION

Chapitre 1

Grandes peurs et incroyables audaces avec Jésus 94

La rencontre qui bouscule 95

A la rencontre de sa nouvelle identité 100

La relation renouvelée 102

« M'aimes-tu ? » 107

Chapitre 2

Des parents modèles ? 115

Le « oui » d'une mère : Marie 116

L'homme juste et humain : Joseph ... 120

Des parents selon le cœur de Dieu ... 126

Chapitre 3

Chemin de fraternité 130

    Vivre en frères et sœurs : aspiration et défi 130

    Vers le sens de la vie en société ? 134

    Une fraternité... universelle ? 137

CONCLUSION 142

« C'est quoi un homme ? »
Jérémy Frérot, de son album « Meilleure vie »

Remerciements